T0247254

Cómo sacar partido
a tu encarnación

Mauro Kwitko

Cómo sacar partido
a tu encarnación

EDICIONES OBELISCO

Si este libro le ha interesado y desea que le mantengamos informado
de nuestras publicaciones, escríbanos indicándonos qué temas son de su interés
(Astrología, Autoayuda, Psicología, Artes Marciales, Naturismo,
Espiritualidad, Tradición…) y gustosamente le complaceremos.

Puede consultar nuestro catálogo en www.edicionesobelisco.com

Colección Espiritualidad y Vida interior
CÓMO SACAR PARTIDO A TU ENCARNACIÓN
Mauro Kwitko

1.ª edición: septiembre de 2023

Título original: *Como aproveitar a sua encarnaçao*
Traducción: *Karina Branda Sánchez*
Diseño de cubierta: *Enrique Iborra*

© 2017, Mauro Kwitko
(Reservados los derechos para la presente edición)
© 2023, Ediciones Obelisco, S.L.
(Reservados los derechos para la presente edición)

Edita: Ediciones Obelisco, S.L.
Collita, 23-25. Pol. Ind. Molí de la Bastida
08191 Rubí - Barcelona - España
Tel. 93 309 85 25
E-mail: info@edicionesobelisco.com

ISBN: 978-84-1172-049-6
DL B 13.839-2023

Impreso en los talleres gráficos de Romanyà/Valls S.A.
Verdaguer, 1 - 08786 Capellades - Barcelona

Printed in Spain

PREFACIO

Este libro tiene la intención de hacer llegar al público en general lo que he aprendido en las sesiones de regresión con personas en tratamiento desde hace unos veinte años hasta el presente (2016), período en que habré realizado unas 12 000 sesiones, respetando la Ley del Olvido.

He escuchado sus relatos de vidas acontecidas en siglos pasados, ellos cuentan sus historias personales, están ahí, y prueban el pilar básico de la psicoterapia reencarnacionista: la personalidad congénita. Escuchando estos informes, observando, reflexionando, he ido aprendiendo mucho sobre el aprovechamiento o no de las encarnaciones. Y ahora reconozco los patrones que se repiten en todos nosotros, encarnación tras encarnación. Algunos espíritus llevan siglos encarnando, envueltos en un patrón de violencia, ya sea padeciéndola ellos mismos o practicándola; otros, en materia de sexualidad, negando, abusando, sufriendo y haciendo sufrir. Noto patrones de autoritarismo, agresividad, prepotencia y también miedo, sumisión, baja autoestima; otros muestran un patrón de aislamiento, soledad… Es como si todos estuviéramos sintonizados durante algunos siglos con una gama de comportamientos y atravesáramos encarnaciones para aprender sobre ese tema, evolucionar en él, para, precisamente, liberarnos de él. ¡Pero cuánto tiempo lleva deshacerse de un patrón! Escucho relatos de agresión, violencia, abusos sexuales, timidez, miedo, etc. repetitivo, durante siglos o milenios, muchas, muchas encarnaciones repetitivas. Es como un estudiante que sigue repitiendo una materia que aún no puede aprobar, durante años y años. Sólo que, aquí, no son años, sino miles de años.

Darse cuenta de este retraso en la evolución es una de las principales razones que me llevan a escribir libros sobre el tema, con el fin de ayudarnos a todos a aprovechar mejor la encarnación.

Aunque he estado tratando con la reencarnación durante mucho más tiempo del que he realizado regresiones, sólo comencé a creer realmente en ella cuando tuve noticia de los miles de relatos de encarnaciones pasadas de estas personas, de las que describen, con sentimiento, con emoción, situaciones, hechos, dramas, batallas, muertes, enfermedades, accidentes, de encarnaciones pasadas.

Aunque he sido un creyente en la reencarnación durante más tiempo que he practicado la regresión, de lo que hablo en este libro no es sobre religión, sino psicología. He creído en la reencarnación desde que era un niño, pero estoy convencido desde hace unos veinte años, desde que comencé a escuchar a las personas, regresando a sus encarnaciones pasadas, contar sus historias, sus encarnaciones y desencarnaciones, sus ascensos y descensos.

Este libro no es un libro espiritista ni religioso, sino sobre la reencarnación dentro de una propuesta de expansión de la psicología, para que abra sus fronteras antes de nuestro nacimiento y después de nuestra muerte. Se trata de un libro básico sobre la psicoterapia reencarnacionista.

Es importante que tratemos de entender, a pesar de nuestras limitaciones de espíritus encarnados, las leyes que rigen la reencarnación, cómo y por qué ocurre, cuál es su finalidad y, principalmente, cómo saber aprovecharla, desde el punto de vista de nuestro Yo Superior. El primer requisito para aprovechar de una encarnación es saber que la estamos viviendo, que no somos nuestra «cáscara», sino un espíritu en ella. Pero el hecho de creer en la reencarnación no implica automáticamente su real aprovechamiento, así como no creer tampoco implica desperdiciarla. Lo que determinará el aprovechamiento, o no, de un pasaje terrestre es lograr un ascenso, al menos satisfactorio, en nuestro nivel espiritual, es decir, una mejora en nuestras características personales, en un trabajo de purificación: nuestra misión individual. La otra misión, colectiva, consiste en la búsqueda del rescate y de la armonización de otros seres, con los cuales tenemos conflictos de encarnaciones anteriores, y procuramos devolver un vínculo amoroso con las personas próximas, con las no tan próximas y con toda la humanidad.

Ambas misiones deben ir de la mano, pero la mayoría de la gente apenas logra cumplir la individual y pocos logran desarrollar la colectiva, al menos a un nivel satisfactorio. ¿Por qué ocurre esto? Responder a esta pregunta es uno de los objetivos de este libro. En todos estos años en los que he participado en estas experiencias de encarnaciones pasadas, he asimilado algunos conocimientos de cuestiones importantes sobre nuestro éxito o fracaso en el desempeño de nuestras misiones de encarnación.

Quiero poner aquí la forma en que nosotros, desde la Asociación Brasileña de Psicoterapia Reencarnacionista, realizamos las regresiones. En el momento en que escribí *20 casos de regresión*, cometí algunos errores que fui corrigiendo, hasta llegar a una técnica en la que priorizamos la ética para no interferir con las leyes kármicas. A través de nuestra técnica, el terapeuta actúa sólo en la parte de relajación y en promover el aumento de frecuencia, permitiendo que el mentor espiritual de la persona se haga cargo y maneje la regresión, intentando desconectarla de situaciones traumáticas de su pasado, donde aún está sintonizada, y de donde provienen la mayoría de las fobias, pánicos, depresiones refractarias, etc. Después de hacer nuestra parte, cuando comienza el informe, interferimos lo menos posible para no molestar a quien está realmente realizando la regresión. De vez en cuando, decimos «Sí...» «Continúa…», «¿Y después?»

Nunca alentamos a la persona en regresión a identificar a alguien que conoció en otra encarnación, un error que cometía hace años. Durante aquella época, creía que debía fomentar este reconocimiento y luego llevar este material a las consultas posregresión, ¡pero me equivoqué! Muchos terapeutas de regresión hacen esto, pero, en realidad, es una interferencia con el karma entre las personas y no debe hacerse. Expongo esta cuestión aquí porque algunas personas están en contra de la terapia de regresión y tienen razón, porque muchos terapeutas practican esta técnica de manera irresponsable, al servicio de la curiosidad, y algunos no tienen ni siquiera el conocimiento o la capacidad para practicar esta terapia. En nuestros cursos de formación, se enfatiza el respeto por la ética y la atención al ego del practicante para evitar la tendencia a dirigir el proceso, a comandar la regresión. ¿Quiénes somos nosotros para saber a qué debe acceder una persona en su pasado y si merece desconectarse de determinadas situaciones? Tu mentor espiritual sí lo sabe.

Quiero repasar en este libro lo que aprendí sobre reencarnación en las sesiones de regresión con estas personas, con los relatos de sus vidas pasadas. Para los que no creen en la reencarnación, para los que eligieron este libro por curiosidad, para los que tienen dudas sobre el tema, les sugiero que busquen pensar por sí mismos, y no basarse en lo que dicen los libros antiguos, milenarios, sin garantía de lo que verdaderamente fue dicho por los autores originarios en aquella época, y quienes realmente escribieron esos textos y cuanto fueron modificados en las traducciones y manipulados en los siglos siguientes por las Iglesias que se apoderaron de ellos.

La razón por la cual la psicología oficial no se ocupa de la reencarnación se remonta a la acción del emperador Justiniano en el año 553 d. C., al convocar el Concilio de Constantinopla, invitando sólo a obispos no reencarnacionistas y decretando que la reencarnación no existía, influido por su esposa Teodora, una excortesana, quien, para liberarse de su pasado, hizo matar a antiguos compañeros y para no sufrir en otra vida las consecuencias de esta cruel orden, como preconiza la Ley del Karma, se comprometió a suprimir la magnífica doctrina de la reencarnación. ¡Este Concilio fue sólo una reunión que excomulgó y maldijo la doctrina de la preexistencia del alma, con protestas del papa Virgilio que fue secuestrado y preso por Justiniano durante ocho años por negarse a participar en ese Concilio)! De los 165 obispos presentes, 159 no eran reencarnacionistas y esto le otorgó a Justiniano los votos que necesitaba para decretar que la reencarnación no existía. Y así, la Iglesia católica se convirtió en una iglesia no reencarnacionista, y más tarde, su disidencia también llevó consigo este dogma. Con el predominio de las Iglesias no reencarnacionistas en Occidente, se creó en la conciencia colectiva occidental la idea de que la reencarnación no existe, dentro de la cual se formó la psicología y la psiquiatría, que luego, por coherencia, tampoco se ocupan de la reencarnación. Es decir, la psicología no se ocupa de la reencarnación a causa de Teodora...

Pero lo más importante es que busquemos dentro de nosotros mismos una convicción personal sobre la reencarnación, y es fundamental que cada uno encuentre su propia verdad interior, no a través de libros u opiniones, no a través de lo que se escribe o se cuenta, sino a partir de sus propias vivencias y experiencias. Entonces, puedes seguir el camino que creas más adecuado para ti, porque cuentas con tu propia experiencia, una experiencia personal. La opinión sobre un tema, sin esa participación interna, puede ser ciega si no se consolida en la propia experiencia, si se basa sólo en lo que procede de afuera, en lo que se dice sin una base interna, y eso genera fanatismo, que es una de las formas en que se manifiesta la inseguridad.

Las personas que no creen en la reencarnación, alegando que no se menciona en la Biblia, deberían prestar atención al hecho de que el libro básico de las Iglesias no reencarnacionistas no hablaría de ello. Pero recordamos que Jesús, cuando le preguntaron quién era Juan el Bautista, respondió que era Elías, el que había vuelto.

Pero, en realidad, el grado de evolución espiritual de una persona depende más de su carácter que de su creencia religiosa, más de su práctica que de la teoría. No creas, sin examinar, nada de lo que te digan, ni siquiera lo que aquí expongo. Debes experimentar y practicar, y luego tener tu propia opinión, basada en una certeza íntima, que, entonces, tendrá valor, porque no puede ser manipulada. La fe puede tener poco valor si sólo se basa en lo que se nos dice, en dogmas establecidos hace mucho tiempo y que, por lo tanto, no están predispuestos al cambio y al cuestionamiento. La verdadera fe proviene de la experiencia personal en el sentido de conocimiento.

Espero que este libro nos ayude a todos a darle la oportunidad a nuestro espíritu de obtener un real aprovechamiento de la encarnación, porque siempre tendemos a repetir el mismo error, encarnación tras encarnación, ya que regresamos a la Tierra con las mismas características de nuestro espíritu expresadas en la personalidad, lo que llamamos «personalidad congénita». Dicha personalidad determina nuestra forma de sentir y reaccionar ante los hechos de la vida terrenal y, entonces, tendemos a repetir los mismos razonamientos y las mismas acciones equivocadas.

Algunas de las claves para obtener aprovechamiento de una reencarnación son la personalidad congénita y la claridad con respecto a que somos un espíritu y no una «cáscara» que sirve para hacerlo visible. El espíritu viene a la Tierra a purificarse, concretizar su evolución, y necesita una «cáscara» para hacerse visible, pero es entonces cuando empieza a creer que es la «cáscara» y frecuentemente, aprovecha poco esa oportunidad.

Quiero exponer en este libro los conocimientos que he adquirido en las regresiones con personas que he tratado de una forma clara, sencilla, práctica y objetiva, para que el aprovechamiento de la encarnación se convierta en una tarea fácil y placentera, en lugar de algo difícil y complicado.

Espero lograr este objetivo y poder transmitir un método que he aplicado desde hace tiempo y que, a mí, me ha funcionado. En definitiva, consiste en eliminar nuestras inferioridades e imperfecciones. Esto debe hacerse en la práctica, en el día a día, cuando aparecen, aunque creamos tener motivos para sentirlas y exteriorizarlas. La tarea de purificación, anhelada por nuestro espíritu, es infinitamente más importante que los razonamientos de nuestro ser encarnado. La infancia no es el comienzo de la vida, sino la continuación y, por lo tanto, no formamos nuestra personalidad en la infancia, sino que nacemos con la personalidad ya incorporada en nuestro ser. Una familia no es una agrupación aleatoria de personas, sino espíritus cercanos encarnados.

Venimos a la Tierra a evolucionar espiritualmente, nos encarnamos para que nuestras inferioridades salgan a la luz y puedan ser mejoradas, o eliminadas, lo que no sucede cuando estamos en el Astral, por la falta de dificultades, de los «disparadores» que las hacen aflorar. ¡Los hechos de la vida terrenal son los hechos, nos reencarnamos para pasar por hechos, y lo importante es lo que surge del interior dentro de nosotros frente a ellos! ¡Ahí reside la finalidad de la encarnación! Todo conspira a nuestro favor, aunque hayamos nacido pobres, en una familia disfuncional, con un padre agresivo, con una madre problemática, etc. Todo es una oportunidad, una lección, todo tiene un propósito y se basa en la Ley del Retorno.

Muchas personas quedan presas, por el dolor, la ira, en los hechos negativos de su vida, sin darse cuenta de que éstos son potencialmente positivos para su evolución espiritual. Se olvidan de ver sus defectos, creen que surgieron de los hechos y así dejan de evolucionar. Y se quejan de su padre y de su madre, olvidando los lazos kármicos que los unen, de los rescates. Y se quejan del esposo, la esposa, los hijos, sin saber lo que fueron en vidas pasadas, por qué se reencontraron.

Vivimos en el Astral inferior, un lugar donde permanecemos como en una carrera de obstáculos, y en cada momento surge una dificultad. ¡El objetivo de la carrera es ganar! Y Dios no da una carga mayor de la que podemos soportar. Algunas personas son ganadoras y cada obstáculo, cada barrera son una motivación para luchar, para ganar y crecer. Éstos evolucionan rápidamente. Algunas personas pasan mucho tiempo en cada barrera, vacilando, debilitándose, parece que lo harán, pero no lo logran, sufren, se quejan demasiado, pierden el tiempo compadeciéndose de sí mismas. Al fin, terminan ganando, pero se demoran demasiado.

De repente, la encarnación termina, el resto de la carrera de obstáculos queda para la siguiente. Pero algunas personas parecen haber nacido para perder, cualquier obstáculo les parece insuperable, cualquier barrera les resulta demasiado grande, ven dificultades en todo, y entonces su evolución espiritual es lenta.

¿Dónde está la felicidad? En el interior de la persona que la siente. El mundo es igual para todos, cada uno hace su vida según sus pensamientos, sus sentimientos, su naturaleza, su carácter, sus actitudes. Lo que nos sucede durante una encarnación, desde la constitución de nuestra niñez, es el resultado de nuestras encarnaciones pasadas, según nuestro merecimiento. Lo que se nos presenta en cada momento es el resultado de lo que hemos sembrado. Quien planta espinos, espinos recoge; quien planta flores, cosecha flores. Podemos cambiar nuestro destino para mejor. ¿Cuándo? ¡Ahora! ¿Cómo? Con una actitud positiva, con rectitud, con amor, con firmeza. La felicidad es posible desarrollando la aceptación, mirando alrededor, pensando en las personas que tienen una vida peor que la nuestra, saliendo del sufrimiento del egocentrismo. Mucha gente vive quejándose de algo, siempre hay algo que falta. ¿Y lo que tienen? Raramente lo valoran.

El propósito de la encarnación es la búsqueda de la evolución espiritual y ahí radica el significado de la vida. Esto lo tiene que hacer la «cáscara» y ahí está la misión de cada uno de nosotros. Sin la creencia en la reencarnación, que son las sucesivas venidas del espíritu a la Tierra en busca de su purificación, la vida no tiene sentido. No creer en ella es una de las causas de las desigualdades sociales, el racismo, el materialismo, la futilidad, la depresión, los suicidios, y tantos otros males que aquejan a los seres humanos, cuando viven sólo para esta vida material y para sí mismos, no para su espíritu y para la eternidad. Si una persona blanca y racista supiera que no es blanca, sino que está en una «cáscara» blanca, no le disgustarían las personas con una «cáscara» negra, porque no son negros, están negros. Yo mismo me he visto negro en una encarnación pasada. Esta vez, estoy blanco. Y en mi próxima encarnación, ¿seré hombre o mujer? ¿Blanco o negro?, ¿brasileño u otra nacionalidad? Éstas son algunas de las ilusiones de la vida encarnada, debemos ser conscientes de ellas. En una ocasión, en un programa de radio, el locutor me preguntó si yo era judío. Respondí: «Yo no, Mauro se reencarnó en judío, ahora es espiritista».

Esta nueva escuela, a la que llamamos psicoterapia reencarnacionista, es la psicología de la evolución espiritual, a través del tiempo. Mis otros libros tratan sobre ello, pero éste pretende ser un manual práctico que nos ayudará a todos a aprovechar el tiempo que pasemos aquí y ahora. Para eso necesitamos liberarnos de las ilusiones.

QUIÉN SOY

Creo que la visión oscura que muchas personas tienen sobre este tema es uno de los grandes obstáculos para el aprovechamiento real de nuestro tiempo en la Tierra. La mayoría de la gente cree erróneamente que es su ser encarnado, su cuerpo, su «cáscara», cuando, de hecho, esto sólo está sirviendo como un vehículo que contiene su verdadera identidad, el espíritu, durante una encarnación. La cuestión es, entonces, saber quiénes somos realmente, y la ilusión de las etiquetas de «cáscaras» es un gran obstáculo para lograr el éxito de la encarnación.

Somos una conciencia, que anima un ser, y que se constituye de un cuerpo físico para hacerse visible y permitirnos pasar por aquí. Es como cuando vamos al fondo del mar, nos ponemos una escafandra, pero no somos la escafandra, sino que estamos dentro de ella. Nuestro cuerpo físico está construido para que nuestro espíritu pueda pasar tiempo aquí, y está hecho de acuerdo con la gravedad, presión atmosférica y temperatura de este planeta. El gran error del espíritu encarnado es olvidar que es espíritu y creer que es el cuerpo.

Después de nuestra última desencarnación, permanecemos en el Astral un tiempo, que puede ser más o menos largo, hasta que nuestra conciencia anime un nuevo cuerpo físico, y volvamos a experimentar la Tierra. Hay un propósito en esto, y si sabemos cuál es, si al menos lo pensamos, lo estudiamos, facilitará en gran medida el logro del éxito deseado en este pasaje. Si no sabemos para qué volvió a descender nuestro espíritu, si ni siquiera recordamos que somos un espíritu reencarnado, estamos expuestos a perdernos en las redes de las ilusiones, en las trampas de la vida terrenal. Pero también he notado que muchas personas que creen en la reencarnación tienden a razonar sobre ella teóricamente, desde un punto de vista religioso, y no en términos prácticos y cotidianos en sus vidas diarias. Y de eso también trata este libro.

El propósito de la reencarnación es continuar el camino evolutivo interrumpido en la última desencarnación, nuestra búsqueda de evolución, de purificación, lo que significa aumentar nuestra capacidad de amar y darnos a los demás, servir, liberarnos del egocentrismo. Todo ello elevará nuestra frecuencia vibratoria, nuestro grado de pureza. Pero en el día a día pocas personas saben cómo lograr este objetivo, porque no tienen claro que su espíritu vino a mejorar, qué vino a sanar, de qué deben liberarse, cuáles son las características negativas de su personalidad que están trabajando aquí. En fin, lo que realmente brindará la oportunidad para la evolución de su espíritu en este pasaje actual.

Creo que esto se debe a que, en general, somos reencarnacionistas en los lugares religiosos a los que asistimos, en casa leyendo nuestros libros espirituales, asistiendo a conferencias, etc., pero en nuestra vida cotidiana, los negocios, la lucha por la supervivencia, la ganancia del pan…, tendemos a razonar y comportarnos olvidando que somos reencarnacionistas, por el condicionamiento de una sociedad basada en el culto a los falsos valores, materiales, superficiales, externos, perecederos, en apología del ocio y el pasatiempo. Nuestra sociedad sigue muy centrada en el pasatiempo y no lo suficiente en el uso del tiempo.

Es necesario ser reencarnacionista en la vida cotidiana y, con ello, poder cumplir con la misión evolutiva individual y aprovechar verdaderamente la encarnación, triunfar en este pasaje y evitar perderse en las ilusorias trampas terrenales.

Comparemos nuestra postura y forma de actuar cuando estamos en nuestra vida diaria y cuando estamos en un lugar religioso. En la vida cotidiana afloran el egoísmo, la agresividad, el orgullo, el autoritarismo, la tristeza, la inseguridad, los miedos, etc. Pero en un lugar religioso, tranquilo, ¡qué bien nos sentimos! Allí el egoísta olvida su egoísmo, el agresivo pierde su agresividad, el orgulloso recuerda la humildad, el autoritario se vuelve solidario, el impaciente parece paciente, el triste, se alegra, el herido, olvida sus penas, el inseguro, adquiere seguridad, el temeroso, se siente valiente…

Por eso estamos aquí, encarnados, para que nos confrontemos con personas y situaciones que sacan a relucir lo que necesitamos mejorar, o sana. Y luego se establece el escenario de las encarnaciones: el padre, la madre, la familia, la infancia, la condición social, la nacionalidad, el color de piel, etc. Y por paradójico que parezca, lo que no es agradable, lo que no nos gusta, generalmente está ahí para nuestro beneficio, pues los hechos «negativos» que aquí encontramos hacen aflorar las imperfecciones de nuestro espíritu, lo que vinimos a mejorar aquí esta vez.

Estamos aquí en la Tierra para pasar por hechos, que a veces, nos parecen negativos, con la finalidad de saber qué tenemos que mejorar en nosotros mismos. Si supiéramos lo que hicimos en otras vidas, por qué merecemos pasar por ciertas cosas... Los hechos desagradables, traumáticos de la existencia, muchas veces actúan, potencialmente, a nuestro favor, ya que pueden hacernos evolucionar, mejorar, crecer. Pero, claro, si la «cáscara» supiera eso y no sintonizara con la ira, no se perdiera en el dolor y otros sentimientos negativos, el espíritu que está dentro de ella no podría sanar. Muchos reencarnacionistas, en su vida, en su diario vivir, olvidan esta cuestión y razonan como no reencarnacionistas, y pocas veces recuerdan, en los malos momentos de su existencia, que son espíritus de paso.

Una persona de baja estatura puede haber venido a curar el orgullo; una situación de pobreza puede ser el escenario para curar una tendencia al orgullo o a la deshonestidad; nacer en una familia rica puede significar tratar de curar la pereza y el materialismo; un rostro y un cuerpo hermosos pueden encajar en un proyecto para curar la vanidad y la futilidad; un padre agresivo puede servir para curar nuestra propia agresión o nuestro miedo e inseguridad; la ausencia de un padre o de una madre puede tener como objetivo curar nuestra tristeza, sentimientos de rechazo y abandono congénitos, etc. Y también, en este tema de la infancia, siempre debemos recordar la Ley del Retorno.

Los hechos que nos parecen negativos, que nos suceden durante nuestra vida encarnada, deben enfocarse en lo que surge de negativo dentro de nosotros, de nuestro espíritu, porque ésa es la oportunidad de crecimiento, de purificación. Pero muchas personas se aferran sólo a los hechos «negativos» y no se miran a sí mismas. Deberíamos fijarnos más en lo que sale de negativo dentro de nosotros que en los hechos catalizadores de ello, es decir, cuidarnos a nosotros mismos.

No es difícil saber a qué ha venido nuestro espíritu a la Tierra esta vez: sólo tenemos que mirar nuestra imperfección, esto es lo que nos une a este planeta y nos hace volver aquí, en un ciclo milenario de reencarnaciones. Vinimos a sanarnos, pero para eso necesitamos conocernos y observarnos para detectar cuando nuestras imperfecciones salen a la luz, frente a los hechos y las dificultades de la vida, y entonces tratamos de evitar que surja esa inferioridad, sublimando su manifestación y transmutándola en la cualidad superior que queremos cultivar.

Y éste es un trabajo que debe realizarse durante todo el día, todos los días, a lo largo de la encarnación, en nuestra cotidianidad, en nuestro hogar, en nuestro lugar de trabajo, en medio del tráfico, y no sólo cuando estamos en contacto con ideas espiritualistas, en lugares de trabajo espiritual, en nuestras lecturas, porque allí es muy fácil parecer «perfectos», allí nuestras imperfecciones quedan recogidas, escondidas, hasta que parece que ya no existen.

¡El momento de sanar nuestras imperfecciones es cuando aparecen! Hay que desechar la rabia cuando nos damos cuenta de que estamos en sintonía con ella, la impaciencia cuando nos impacientamos, el orgullo cuando nos exaltamos, la arrogancia cuando nos proponemos afirmar conocimientos que aún no somos capaces de conocer, la tristeza cuando estamos tristes, dolor cuando estamos heridos, rechazo cuando nos sentimos rechazados, timidez cuando nos escondemos, miedo cuando nos encogemos, etc. Y toda persona o situación que saca algo negativo de nosotros es un instrumento de Dios a nuestro favor. Ésa es una clave.

Pero debido a una visión psicológica, oficial, que considera e investiga sólo esta vida, y luego se ocupa de la formación de la personalidad, que es una concepción no reencarnacionista, nosotros, aun siéndolo, nos acostumbramos a pensar que tenemos ciertas características inferiores de personalidad, problemas emocionales y dificultades existenciales, debido a conflictos con nuestros padres, los hechos de nuestra infancia, circunstancias de la vida, traumas, etc. Cuántos reencarnacionistas consideran su infancia como el comienzo de la vida y se victimizan, culpan a algunos «villanos» (generalmente padre y madre) de la totalidad de sus defectos e imperfecciones, olvidando que ellos son reencarnacionistas. Nuestra personalidad no se puede formar en esta vida, pues ya existimos antes, en muchas otras vidas, ella es congénita.

La reencarnación nos enseña que la personalidad está en nuestro espíritu y nuestra niñez es cocreada por nosotros y por Dios. Los padres son responsables de sus hijos ante Dios y deben darse cuenta de las negatividades que traen consigo en sus características de personalidad, sentimientos… y, con amor, firmeza, con un buen ejemplo, tratar de ayudarlos desde una temprana edad, fomentando sus virtudes y cualidades positivas. Algunos padres son más competentes que otros en este arte, pero también los hay que agravan aún más lo inferior de su hijo, son peores incluso que su hijo.

Somos espíritu que ya nacemos con una personalidad formada. Nuestras imperfecciones se revelan en nuestra infancia y a lo largo de la vida, por los «villanos», por las «situaciones-villanas», que las hacen aflorar, no fueron creadas por ellos. Nunca he visto, en las sesiones de regresión, gran tristeza, dolor, sentimientos de rechazo, abandono, depresión, timidez, sentimientos de inferioridad, miedo, agresión, autodestrucción, orgullo, vanidad, etc. que ya no estaban allí en otras encarnaciones pasadas, y que, en consecuencia, aparecieron de nuevo aquí, no por los hechos, sino por su acción desencadenante sobre estas viejas características.

Si recordáramos esto más a menudo, no nos preocuparíamos tanto por lo que nos hicieron, o por lo que no nos hicieron, por lo que nos hacen, o por lo que no nos hacen, sino por nuestras inferioridades, que vinieron con nosotros, están en nuestro espíritu, aún inferiores e imperfectas, y son evidentes en las formas emocionalmente equivocadas en que reaccionamos a los hechos «negativos» de la niñez y más adelante en la vida. Ésta es una de las principales propuestas de la psicoterapia reencarnacionista, la cual se ha estructurado enfocándose en la evolución espiritual, que trabaja con el aprovechamiento real de la encarnación, desde la noción de la continuidad de nuestra personalidad, encarnación tras encarnación, hacia la purificación.

Una de las críticas que recibimos sus defensores es que la psicoterapia reencarnacionista no trata con la infancia, no valora los traumas, las situaciones infantiles conflictivas, los rechazos, los abandonos, los malos tratos, los abusos, las dificultades económicas, etc. O sea, que no trabajamos con otra cosa que no sea la personalidad congénita y el aprovechamiento de la encarnación. Asimismo, nos reprochan que pensemos que la infancia no tiene nada de valor en el trabajo con los pacientes. Ésta es una crítica infundada. Quienes nos ocupamos de la reencarnación sabemos que la infancia es la reanudación de la vida terrenal, está constituida según las Leyes Divinas y es un material muy importante para que el psicoterapeuta reencarnacionista la examine en relación a su paciente.

Fui pediatra durante muchos años y atendí a numerosos niños en la consulta. Es evidente que no pensamos como algunos creen. Los hechos de la infancia nos afectan, sí, ¡y cómo! Lo que decimos es que los traumas son traumas, ya sea de la infancia o durante la vida, los dramas son dramas, rechazos, abandonos, abusos... Son temas muy serios para trabajar en terapia, porque marcan profundamente a quienes los sufren, pero ¿y las encarnaciones pasadas, y la Ley del Retorno, y la Ley del Mérito? ¿Por qué un espíritu procede de un padre agresivo? ¿Por qué no vino el hijo de un padre tranquilo? La pregunta «¿por qué?» es fundamental para el aprovechamiento de la encarnación. Por lo general, no podemos saberlo, pero teóricamente podemos hablar con la gente al respecto.

Y también vemos que los padres son a veces los responsables de la expansión de las negatividades que sus hijos ya traen consigo cuando se reencarnan. Un niño se reencarna para mejorar una tendencia a ser herido, a sentirse rechazado y acude, porque lo necesita, a un padre que le cuesta ser cariñoso, tener paciencia, entregarse, y poco a poco empieza a surgir ese viejo dolor y rechazo... Si este padre aprovechara esta oportunidad, al recibir un hijo, y tratara de corregirse, de estar más atento, tranquilo, presente, sería una gran oportunidad para evolucionar, mejorar lo que tiene que mejorar, evolucionar espiritualmente, y que haría que esas negatividades de su hijo disminuyeran desde pequeño, no aumentaran. Esto también se aplica a los padres de niños que nacieron con tendencia a sentir ira, rebelarse, autodestruirse. Los padres son responsables de expandir o disminuir lo que sus hijos enfrentaron en esta encarnación. Si las cosas empeoran, esto puede volver, en otra encarnación, cuando el padre de hoy puede venir como hijo... Y el hijo de hoy, quién sabe, ¿fue el padre antes? ¿O un jefe cruel? ¿O una madre que abandonó?

En la noción de personalidad congénita encontramos la explicación de que en una misma familia un hermano se sintiera tan lastimado y el otro no, uno se rebelara tanto y el otro no, uno se autodestruyera y el otro no, con la misma situación familiar. Y ahí puede estar revelando lo que cada uno de los niños vino a mejorar, o sanar, en sí mismos, en sus pensamientos, en sus sentimientos, en su forma de ser. Pero siempre se debe tener en cuenta por qué un niño viene con un padre agresivo y otro con un padre tranquilo, uno tiene una madre fría y el otro una cariñosa. En la psicoterapia reencarnacionista no empezamos a razonar en la infancia, miramos más atrás, vemos la infancia como una continuación, basada en el mérito, en el propósito, en los rescates, una oportunidad de aprendizaje y crecimiento.

Todo psicoterapeuta percibe, en su día a día, cómo relatan las personas, con distintos tonos e intensidad, las situaciones de su infancia, con mayor o menor enfado, dolor, tristeza, etc. La psicoterapia reencarnacionista llama a esta forma individual de sentir y reaccionar ante hechos y traumas «personalidad congénita», y puede ayudar a las personas a encontrar allí el propósito de su nuevo descenso a la Tierra.

En nuestra infancia, una vieja herida, rebeldía, tristeza… se revelan cuando atravesamos situaciones que las hacen aflorar, como por ejemplo tener un padre muy agresivo, una madre indiferente, vivir una situación de pobreza, etc. Incluso pueden aumentar, amplificarse, crecer en intensidad, y lo que vino a sanar en nosotros puede volverse aún más grande en la infancia. Pero quien se ha reencarnado con una tendencia a reaccionar con ira, siente ira; quien trajo tristeza, siente tristeza; el que trajo miedo, siente miedo; quien trajo un sentimiento de rechazo, se siente rechazado… Y la estructuración de la infancia por parte de Dios no es un castigo ni ningún otro proceso punitivo, sino para nuestro beneficio. La infancia es el comienzo que necesitamos.

Mucha gente cree que sus imperfecciones e inferioridades fueron creadas aquí, por culpa de alguien, generalmente en la niñez. ¿Entonces crees que eran espíritus puros y perfectos cuando reencarnaron? Por supuesto, a veces adquirimos rasgos negativos en una encarnación, y me preguntan: ¿cómo diferenciar los rasgos negativos de personalidad que llevamos con nosotros en nuestro espíritu de los que se originan en la encarnación actual? Lo que observo en las sesiones de regresión es que nuestras características negativas (timidez, miedo, tristeza, depresión, dolor, rechazo, rebeldía, agresividad, orgullo, vanidad, etc.), cuando son muy fuertes e intensas, nos acompañan desde hace mucho tiempo, son seculares o milenarias. Cuando son menos intensas, pueden tener su origen en esta niñez actual o ya están en una etapa final de curación. Una gran tristeza es ciertamente milenaria; una fuerte tendencia a lastimarse, a sentirse rechazado, es un sentimiento muy antiguo; el sentimiento de inferioridad, de ser menos que los demás, procede de tiempo atrás; y de encontrarte a ti mismo más que a los demás, también.

Incluso si un trauma infantil parece haber sido tan fuerte que dio lugar a una característica de la personalidad, un sentimiento muy fuerte, que desconcierta la vida de una persona, si es muy fuerte, ya procede del pasado, y se reforzó en la encarnación actual. Si es de baja intensidad, tal vez comenzó en esta vida.

Es importante que una persona que ha venido a sanar un viejo sentimiento de rechazo se pregunte por qué su proyecto reencarnacionista incluía a un padre o madre despreocupado, ausente o agresivo. ¿Y quién cultiva un desacuerdo con haber nacido en una familia muy pobre? Alguien que no se conforma con tener un defecto físico congénito debe preguntarse por qué su proyecto de reencarnación incluía esto. Veo, en las regresiones, a personas feas que han venido a curar la vanidad, gente rica que ha venido a curar el materialismo, gente negra que ha venido a curar el racismo…

En una ocasión, una persona acudió a mi consultorio para tratar su pena, por haber sido hija de un mendigo. En la regresión que hicimos, apareció que había sido una mujer noble en la corte de Inglaterra, a principios de siglo, muy orgullosa, fútil y superficial.

Ahora debía vivir en la miseria para aprender a valorar el trabajo y cultivar la humildad. Entonces, el hecho de que, en esta encarnación, deba experimentar esa situación aparentemente injusta desde un punto de vista social, es en realidad una situación potencialmente beneficiosa para la evolución de su espíritu, ya que puede brindar una oportunidad de crecimiento y evolución.

Para aprovechar nuestra encarnación, debemos estar atentos, en la vida cotidiana, a cuándo se manifiestan nuestras imperfecciones y, en lugar de culpar y criticar los hechos de la vida que las hicieron, o las hacen aparecer, debemos agradecer los hechos, sean los que sean. La razón es que éstos nos muestran lo que vinimos a sanar aquí, lo que aún no es perfecto y puro en nosotros. En otras palabras, las situaciones «negativas» están ahí para mostrarnos nuestra misión individual, pero mientras al yo encarnado no le gustan y rechaza estas situaciones, tu esencia sabe que son potencialmente beneficiosas para tu proyecto de purificación.

Así pues, ser un reencarnacionista es mucho más que creer en la reencarnación, asistir a un centro, leer libros sobre el tema. Es vivirlo a diario, mañana, tarde, noche, todos los días, permaneciendo atento a los razonamientos, generalmente erróneos, del yo inferior y a las sabias orientaciones del yo superior.

Ser reencarnacionista es reconocer los propios defectos, autoobservarse para detectar cuándo debe evitarse su estallido (aunque sea en forma de pensamientos y sentimientos), cuándo los hechos de la vida están mostrándonos lo que hemos venido a curar, cuándo las circunstancias de la infancia y el curso de la vida muestran lo que el espíritu vino a hacer aquí, de lo que vino a librarse, de lo que necesita para purificarse.

Porque si las «cáscaras» no están suficientemente atentas a su evolución espiritual, si no miran sus propios «defectos», permaneciendo enfocados en las obras de los demás, o simplemente siguen viviendo, sin responsabilizarse del crecimiento y la purificación de su espíritu, el aprovechamiento de la encarnación puede quedar muy por debajo de lo que podrían alcanzar.

Pero para eso debemos ser conscientes de que no somos nuestra «cáscara» y sus etiquetas: nombre, apellido, color, nacionalidad, género sexual, etc. Éstas son sólo verdades aparentes del cuerpo físico de esta encarnación, mientras que en otras encarnaciones las etiquetas fueron diferentes, pero también temporales.

Pero antes de que me critiquéis por menospreciar tanto la «cáscara», pregunto: ¿Quién tiene el poder para viabilizar este objetivo? ¿Quién tiene la posibilidad de obtener esta ansiada evolución? Porque, por paradójico que parezca, ¡ésta es una tarea de nuestra «cáscara»! Verás, nuestra «cáscara», nuestra parte desechable menos importante, menos duradera, tiene que hacer esto. Y es obvio, porque sólo ella es visible, se relaciona con las otras «cáscaras», va a la escuela, estudia, trabaja, se relaciona, se casa, tiene hijos, conduce, hace esto o aquello, va para allá y aquí, finalmente, aun siendo nuestra parte más baja, más ilusoria, descartable, es nuestra «cáscara», nuestra persona, quien brinda la oportunidad para el proceso de la vida encarnada, y es la responsable de obtener o no la evolución deseada por el espíritu.

Es guiada por nuestros pensamientos y sentimientos, y luego tenemos que darnos cuenta si está bajo el mando del espíritu o se ha apoderado de sí misma. Es decir, ¿es obediente o desobediente? Entonces, la gran pregunta es: ¿A quién obedece la «cáscara»? Y ahí es donde viene la pregunta de nuevo: «¿Quién soy yo?», porque si la «cáscara» cree que es ella misma, si se pierde en esta miopía, puede enredarse en las redes de las ilusiones, en las trampas de la encarnación. Por tanto, tenderá a gastar su vida luchando por metas mediocres, tratando de obtener conquistas inmediatas, satisfaciendo sólo a sus cinco sentidos físicos, enredado en los falsos valores que predica nuestra sociedad materialista, inmediatista, que llama con conquistas sin sentido, fugaces y victorias sin mérito, sin un verdadero premio.

Cuando una «cáscara» cree que es el centro del espectáculo, puede comenzar a desperdiciar la encarnación de su espíritu, pues bloquea la guía de su yo superior, que es quien debe guiar por los laberintos de la encarnación. Uno de los principales objetivos de mis libros es sugerir a los lectores de «cáscaras» que nos conviene encontrar a un mentor espiritual, guiarnos y también buscar, dentro de nosotros mismos, nuestra verdadera y eterna esencia, que espera de nosotros hacer las cosas correctas, que sobrevivirá después de nuestra muerte física, que ya ha fabricado innumerables «cáscaras» antes, en otras encarnaciones, seguirá haciendo otras más adelante, y que está en todo momento, como se dice en el lenguaje deportivo, alentando para nuestra «cáscara» actual.

¿Quién soy yo? Ciertamente no soy mi «cáscara», estoy dentro de ella, esta vez, en esta encarnación. No soy hombre, no soy blanco, no soy médico, no soy brasileño, no soy el hijo de mis padres, ni el esposo de mi esposa, no soy el padre de mis hijos. Soy mucho más que eso, soy un ser movido por una conciencia, he estado en muchos otros cuerpos físicos antes, sé para qué reencarné, qué vine a hacer aquí y lo que espero que haga mi «cáscara» actual, en mi beneficio y en el de ella, en mi nombre y en el de ella. Esta vez, sólo esta vez, se llama Mauro Kwitko, aprendiendo el arte de la sumisión.

Entonces, pregúntate en ese momento: ¿tus «cáscaras» saben esto? ¿Lo recuerdas a menudo? ¿Podrán ponerse en el lugar que les corresponde, como vehículo de su espíritu en este plano, esta vez, en una correcta postura de obediencia a los deseos de su esencia, de servidor a sus órdenes? ¿Tu «cáscara» es obediente?

Muchas «cáscaras» ya han descubierto esta verdad, pero muchas aún no han pensado con profundidad sobre estos temas y probablemente les resulte gracioso cuando les diga que no son ni hombres ni mujeres, que no son blancos ni negros, que no son de ningún país, de ninguna religión, que son casi como ilusiones andantes, animadas por una con-

33

ciencia eterna. La respuesta a la pregunta «¿Quién soy yo?» no es difícil de responder, sino difícil de aceptar.

Siendo entonces mi «cáscara» sólo el representante visible de mi ser en este mundo, ¿qué debe hacer para servirme, para colaborar conmigo? En su corta existencia aquí, 80 o 90 años, debe tener muy claro cuál es su misión, qué espera de ella su asesor interior. Y esto no es difícil de saber, porque si reencarnamos para purificar nuestro espíritu, la «cáscara» lo que debe hacer es en esta encarnación actual es ayudar a nuestra conciencia a continuar en su búsqueda de evolución. Y eso es, sin ninguna dificultad para comprender, buscar la mejora, o la cura, de nuestros defectos e imperfecciones. Y eso es lo que hemos venido a hacer aquí, esta vez nuevamente, que es continuar con el servicio.

La psicoterapia reencarnacionista, la reencarnación en el consultorio psicoterapéutico, plantea que los hechos son los hechos, pero lo que debemos hacer es detectar nuestra forma negativa de sentir y reaccionar ante ellos, porque ahí están nuestras imperfecciones e impurezas, lo que debemos mejorar, o curar en nosotros. Haciendo un análisis sólo desde el inicio de esta vida actual, victimizándose por su infancia o su vida, creyendo que su tristeza, depresión, dolor, resentimiento, timidez, miedos, desconfianza, irritación, agresividad, autodestrucción, etc. se originan actualmente es un razonamiento limitado, pues crea un serio obstáculo en el objetivo evolutivo de purificar estas imperfecciones, además de así se niega la reencarnación.

Quien quiera aprovechar al máximo su actual encarnación, se debe decir a sí mismo: «Soy como soy y tengo estas limitaciones e imperfecciones porque todavía no soy un espíritu lo suficientemente evolucionado para no tenerlas». Aunque tu padre o tu madre no tuvieran la capacidad de disminuir lo que vino a mejorar en su hijo, reaccionaste a los hechos de tu infancia y reaccionas a los hechos de la vida a tu manera, y si es una manera negativa, ésta es la tuya, brota de tu interior y no de los hechos. Ahí se evidencia lo que hay que mejorar, lo que has venido a hacer aquí esta vez. Esfuérzate día tras día por volver a casa mejor de lo que llegaste. Y no olvides que la infancia está estructurada por Dios y nosotros dentro de Él. En una encarnación, cuanto más envejecemos, debemos volvernos mejores, más puros. La «cáscara» envejeciendo, el espíritu evolucionando, así debe ser.

¿DE DÓNDE VENGO?

Un día fuimos creados por Dios y colocados en este planeta para evolucionar, recuperar gradualmente nuestra pureza y regresar a Él. Porque Dios nos creó, cuál es el propósito de este acto, su intención. Cada una de las religiones y las diversas corrientes filosóficas espiritualistas lo explican de manera diferente. La tendencia es aceptar lo que dice nuestra religión como correcto o mirar en otra perspectiva para encontrar una explicación que se ajuste mejor a nuestra comprensión. Pero, realmente, ¿de qué sirve tanto esfuerzo en este sentido? Dentro de nuestra limitación de conciencia, ya que una de las características más llamativas de la humanidad es la ignorancia, ¿cómo podemos querer comprender lo Divino? ¿Quiénes somos nosotros para querer saber qué es Dios y entender sus obras?

Desde la visión psicoterapéutica de la reencarnación, que es el propósito de la psicoterapia reencarnacionista, no importa saber por qué Dios nos creó y con qué propósito. Lo que importa es que aprovechemos las encarnaciones en la búsqueda de una mayor evolución espiritual. Algunas personas prestan más atención a las teorías que a la práctica, y lo importante es la práctica.

¿De dónde venimos antes de esta encarnación? Allí desde el Astral. ¿Y antes de eso? De la encarnación anterior. Hemos estado, durante miles de años, encarnando y reencarnando, encarnando y reencarnando, en un juego de ping-pong entre la Tierra y el Astral, muchas veces aprovechando poco estos pasajes en la Tierra. Para disfrutar mejor de esta encarnación actual, donde estamos ahora, es importante que sepamos por qué sucede esto, por qué todavía estamos «atrapados» aquí, en este lugar del universo, es decir, ¿por qué todavía no podemos escapar de esta contingencia?

Para que ya no necesitemos encarnar de nuevo, es necesario que escapemos de la atracción gravitacional de la Tierra. ¿Y cómo podemos escapar de la fuerza de atracción terrenal? Elevando nuestra frecuencia vibratoria, que aún es tan baja que nos mantiene sintonizados aquí y nos hace volver aquí después de haber desencarnado. Es un tema físico de sintonización entre dos Estamos aquí, en este lugar donde estamos sintonizados, tratando de elevar nuestra frecuencia. Lo más que podemos, cuando nuestro cuerpo físico muere, es llegar al Astral, más alto que eso nuestra frecuencia no nos permite. Pero un día, lo haremos.

¿Cómo podemos lograr esta elevación vibratoria y liberarnos? Eliminando los defectos y las imperfecciones, que son los «pesos» que hacen descender nuestra frecuencia y nos mantienen en sintonía con este planeta. Aprovechar la encarnación es buscar la eliminación de estos «pesos», volvernos más ligeros, más puros, pero para eso necesitamos saber cuáles son, y entender que son nuestros desde hace mucho tiempo, son congénitos, generalmente milenarios. Necesitamos recordar que estamos aquí para eliminarlos, para percibir cuándo pasan a primer plano y lograr, con paciencia y amor, sublimar su exteriorización, transmutándolos en la cualidad positiva opuesta.

Algunas personas creen que la reencarnación es un castigo, un pago, un sufrimiento, una imposición de un ser superior, una obra de espíritus superiores. Yo no lo veo así, creo que la reencarnación ocurre naturalmente, inevitablemente. Cuando salimos de este planeta, con la muerte del cuerpo físico, ascendemos a una capa en el Astral con cordones energéticos (sintonizaciones) que nos mantienen «pegados» a este planeta y a otras personas, aún encarnadas o ya desencarnadas. Tarde o temprano, estas cuerdas nos arrastran de vuelta aquí y nos unen (aproximan) a esas personas. Estos cordones son las sintonías que mantenemos entre nosotros, negativos o positivos, y con el planeta. Para volver a habitar este planeta, necesitamos un nuevo cuerpo físico, y aquí estamos. Una familia es una agrupación de espíritus unidos, armonizados, negativa o positivamente. De ahí las afinidades y conflictos entre sus miembros. Ese vientre materno en el que llegamos a formar nuestro nuevo cuerpo, ese padre, y muchas de las personas que constituirán nuestra futura familia no participan de él por casualidad, sino que son vínculos determinados por los cordones energéticos que nos unen, de divergencia (conflicto) o de afinidad (armonía), y que proviene de encarnaciones pasadas.

La evolución espiritual es un trabajo amoroso de todos los días. Podemos estudiar la historia humana y la de las religiones para entender bien cómo se ha comportado la humanidad hasta ahora, sus errores, sus aciertos, las concepciones veraces, las manipuladas, lo que es real, lo que es imaginario, lo que pretende ayudar a la evolución del ser humano, pero que tiene como objetivo mantenerlo en las ataduras del miedo y la ignorancia.

Una regla general es: cuanto más livianos somos, más felices nos sentimos y más alto llegamos después de la desencarnación. Cuanto más tristes, heridos, irritados, impacientes, agresivos, más pesados somos, menos felices nos sentimos, y la ascensión, después de la desencarnación, es más difícil. Quiero ser más y más ligero.

¿HACIA DÓNDE VOY?

Nosotros iremos, después de desencarnar, a la capa Astral con la que estamos sintonizados, a zonas inferiores, intermedias o ligeramente superiores, es decir, adonde nos lleve nuestra frecuencia.

Para los reencarnacionistas imaginar que, un día, llegaremos a un grado de evolución que hará posible que ya no necesitemos volver a este planeta ¡es lo mejor! Cuando explico en las conferencias que imparto que debemos esforzarnos por lograr este objetivo pronto, algunas personas confunden esta idea con pretensión, orgullo, ansiedad. Pero ¿por qué no? Cuando ingresamos en una escuela, un colegio o un curso, la diferencia entre los estudiantes es que algunos deciden aprovechar al máximo la oportunidad, otros lo intentarán lo suficiente, otros no mucho y algunos no están dispuestos a hacer ningún esfuerzo.

Aprovechar la encarnación es algo similar, con la diferencia de que muchos ni siquiera recuerdan que deben esforzarse para ser aprobados en este empeño, para tratar de alcanzar un grado de perfección que les pueda dar la oportunidad, algún día, de no tener que volver más a esa escuela.

Es conveniente que tratemos de imaginarnos a los maestros, a los guías o a un santo de nuestra elección, y empecemos a tomarlos como ejemplo, como referencia, comparándonos con ellos, viendo lo que tenemos (en defectos) que ellos ya no tienen. Y lo que poseen (en virtudes) que nosotros todavía no poseemos.

Por ejemplo, si tenemos el defecto de la timidez, de la introversión, y ningún ser superior es tímido, introvertido, debemos curar eso en nosotros. Si somos impacientes y agresivos, vanidosos y orgullosos, inquietos y agitados, miedosos, perezosos, celosos y posesivos, críticos, autoritarios, hipersexualizados, serviles, si estamos tristes y deprimidos, si somos rechazados y abandonados…, debemos tratar de purificarnos de todas estas imperfecciones.

Cualquier característica de nuestra personalidad que no se encuentre en los maestros es una inferioridad y debe ser corregida. Trato de practicar esto en mi vida diaria y, aunque no es una tarea fácil, debido a las imperfecciones y las «trampas» de la Tierra, es posible hacerlo. Los resultados son altamente gratificantes.

Lo mínimo que le puede pasar a una persona que está firmemente comprometida con la curación de sus defectos, a lo largo de su encarnación, es evolucionar mucho más de lo que podría si no hubiera estado practicando tan asiduamente. Sé que estoy afirmando algo obvio, pero acaso porque es obvio, ¿no es correcto? ¿Acaso no es obvio que la diferencia entre una persona que es feliz y otra que no es que la primera busca ser feliz de manera más competente y la segunda menos? ¿Y no es obvio que la diferencia entre una persona que estudia y trabaja mucho, crece y evoluciona, y otra que no estudia, ni trabaja, no crece y no evoluciona, es que la primera tenga más determinación y la segunda menos? Quien realmente busca la paz, la encontrará, pero quien busca la guerra, ¿qué encontrará? Quien desee armonía en su vida, en su hogar, en su lugar de trabajo, podrá lograrlo, pero quien busca la disputa, el confrontamiento, ¿qué logrará?

En el aprovechamiento de la encarnación, lo que diferencia a los reencarnacionistas entre sí es que algunos quieren aprovechar esta encarnación, otros no tanto, y otros, aun diciéndose reencarnacionistas, no viven como tales en su día a día, sólo en teoría.

¿Hacia dónde voy? Cuando el cuerpo físico muere, el espíritu está vibrando en cierta frecuencia, más o menos limpio, más o menos contaminado con pensamientos y sentimientos negativos, y esto es lo que determinará el destino. Podemos estar aquí encarnados, y tan ciegos, viviendo tan mal, cometiendo tantos errores, tantos engaños, que después de desencarnar nos quedemos aquí o subamos un poco...

No creo que ninguno de nosotros quiera salir de aquí derrotado, enfermo. Por tanto, debemos esforzarnos para que esto no suceda, estando atentos a nuestros pensamientos, sentimientos y acciones, cuando sean negativas, para ser aquí espíritus victoriosos, en el sentido de la evolución de la conciencia, cumpliendo nuestras metas de la prerreencarnación.

¿Y cuál es el secreto? ¿Cómo sacar provecho de una encarnación? En teoría, estudiando quiénes somos, de dónde venimos, adónde vamos y qué estamos haciendo aquí en el Astral inferior. ¿En la práctica? Mejorando nuestras imperfecciones. Las personas o situaciones que nos muestran nuestra inferioridad son nuestros aliados en este objetivo.

¿POR QUÉ NOS REENCARNAMOS?

Es importante que sepamos, cada uno de nosotros, por qué volvimos para vivir otra vida aquí en la Tierra. Algunas personas aún se aferran a conceptos desactualizados y equivocados en cuanto a castigos, penas… Estamos aquí porque permanecemos vibratoriamente apegados a este planeta, es decir, nuestra frecuencia vibratoria no es lo suficientemente alta como para permitirnos acceder a un lugar mejor que éste.

Para que esto suceda, para que elevemos nuestra frecuencia, para que nos liberemos de este planeta aún imperfecto, necesitamos liberarnos de nuestras imperfecciones e impurezas. Para eso estamos aquí, y vamos de un lado a otro, de ida y vuelta, de ida y vuelta... Necesitamos muchos retornos, pero podríamos acortar esta tarea. ¿Por qué la búsqueda de la evolución espiritual debe llevarse a cabo aquí y no allá arriba? Porque precisa ser hecho en un lugar donde existan estímulos para que se manifiesten nuestras imperfecciones. Aquí están los hechos que actúan como disparadores, que sacan a relucir nuestras inferioridades. Y los hechos «negativos», los que no nos gustan, suelen ser los mejores para ello.

¡Pero, quizás, uno de los mayores obstáculos para la evolución es que el espíritu encarnado siempre cree que tiene razón en su razonamiento! La mayoría de nosotros creemos que tenemos motivos suficientes para sentir o expresar nuestras negatividades. Cualquiera que se enfada con alguien cree que tiene razón en enfadarse; aquellos que sienten dolor y resentimiento creen que estos sentimientos están plenamente justificados, quienes tienen miedo creen en la fuerza de su miedo; quien es tímido cree en su incapacidad para expresarse; quien es orgulloso, vanidoso, egocéntrico, cree en su superioridad; un materialista cree firmemente en el valor de las cosas materiales, etc.

¡Atiendo en el consultorio desde hace muchos años, y por él han pasado miles y miles de personas que tienen algunas creencias que se manifiestan en lo que piensan y sienten, y prácticamente todas creen tener razón! Pero después de un tiempo, cuando algunas cambian de concepto, ¿dónde quedan esas certezas? El dolor, los miedos, la timidez, la irritación, la inferioridad…, cuando se debilitan, ¿adónde van? ¿Y el orgullo, la vanidad, la arrogancia…, cuando se derrumban? Es necesario hacer un movimiento interno para acceder a la cualidad opuesta, que tiende a equilibrar la cualidad negativa que antes dominaba los pensamientos y sentimientos, ayudándolos a funcionar positivamente.

En el Astral, no hay estímulos específicos para hacer aflorar la rabia, la vanidad, el dolor, la tristeza, el miedo, la timidez… Todos ellos pueden aflorar, pero aquí aparecen, y entonces podemos liberarnos de ellos. El espíritu evoluciona encarnado, aquí está el lugar de la práctica. Pero, a menudo, en lugar de ser conscientes de que éstas son nuestras características negativas y congénitas que vinimos aquí a curar, las tratamos como si hubieran surgido aquí. Y lo que es peor, culpamos a otras personas (generalmente al padre y a la madre) y a los hechos «negativos» de la vida por su aparición. Esto es lo que ha fomentado la psicología tradicional, no intencionalmente, por supuesto, sino al afirmar que comenzamos nuestra vida en la infancia. Es en ella donde formamos nuestra personalidad. Si tenemos características negativas, tiene que haber algo o alguien que nos las haya causado, es decir, la psicoterapia tradicional, comúnmente, está basada en el binomio víctima- «villano», lo que refuerza el error.

La psicología sostiene que comenzamos en esta vida, eso quiere decir que nacimos puros, éramos espíritus perfectos, por ello, buscaremos allá en el «inicio» quién o qué nos echó a perder... La psicología parte de una base equivocada, que es un inicio que no es el inicio, pues no comenzamos nuestra vida en la infancia, sino que somos espíritu y continuamos en ella un viaje iniciado hace mucho tiempo. El día que la psicología añada la reencarnación, comprenderá mejor al ser humano, su naturaleza espiritual.

La infancia es una continuación y no un comienzo. Desde el momento en que interioricemos esta idea, deberemos releerla según los principios reencarnacionistas. Y cuestionarnos en la estructura de nuestra infancia, a partir de la pregunta «¿Por qué?».

Si los hechos nos hacen sentir heridos y resentidos, están demostrando que venimos a sanar heridas y resentimientos; si provocan ira y agresividad, nos muestran que hemos venido a curar ambas; si causan miedo o retraimiento o un sentimiento de inadecuación, o cualquier otro síntoma negativo, ésa es la razón de la encarnación. Una persona materialista, apegada al dinero y a los bienes materiales demuestra que se ha reencarnado para curar esa actitud superficial y profundizar en los verdaderos valores del amor y la caridad. El distraído, aireado, vino a sanar esta especie de huida, a aterrizar. Y así con cualquier otra característica negativa, desde las más graves hasta las habituales, que todos tenemos.

¿Qué debemos sanar en nosotros mismos? Todo tipo de comportamiento, razonamiento, características de personalidad, que nos diferencian de los maestros. Y lo que aún tenemos de inferior que ellos ya no tienen son las impurezas e imperfecciones, de las cuales vinimos a liberarnos. Nuestro camino conduce a la perfección y ellos nos lo muestran. Por eso no debemos culpar a nada ni a nadie y entender que nuestras imperfecciones son algo nuestro, que nos acompañan desde hace mucho tiempo, hace muchas encarnaciones. Si eso sucede, es porque no hemos aprovechado nuestras encarnaciones para liberarnos de ellas, para sanarnos y purificarnos.

El ser humano es todavía bastante incompetente en lo que respecta a su evolución espiritual, suele tratar mejor con lo terreno, lo material. La regla de oro es: ante un hecho desagradable, presta atención a lo que surge de negativo que hay dentro de ti. ¡Ahí está la imperfección que vino a ser eliminada! Si crees que tienes razones para sentir esta imperfección, comprende que este razonamiento proviene de tu ser inferior, una fuente poco confiable... Nuestros seres inferiores siempre piensan que tienen razones para sentir y expresar ira, dolor, tristeza, miedo…, mientras, desde arriba, nuestro yo superiores está «esperando» para que, ante situaciones que hacen aparecer estas imperfecciones, aprovechemos para sanarnos de ellas, entendiendo que dichas situaciones en apariencia negativas son potencialmente positivas para nuestra evolución espiritual.

LA REFORMA ÍNTIMA

Se habla mucho de reforma íntima, pero algunas personas no entienden muy bien lo que esto significa en la práctica. Hay una clave que ayuda en esta búsqueda de reforma: la noción de personalidad congénita.

Actualmente, con la psicoterapia reencarnacionista, cuyo fundamento es precisamente la personalidad congénita, el trabajo individual de cada uno de nosotros en relación con su reforma interior se hace más claro al partir de ésta. Este trabajo profundo, de conocimiento de nuestras imperfecciones congénitas, generalmente seculares o milenarias, y la forma práctica de mejorarlas o eliminarlas, puede realizarse solo o, cuando no se pueda, con el apoyo de un psicoterapeuta reencarnacionista. La psicoterapia reencarnacionista nos ayuda en la búsqueda de la evolución espiritual, objetivo principal de una encarnación.

Durante una encarnación, cuanto menos tiempo se pierda, mejor. ¿Y qué es el tiempo perdido? Cuando tenemos una tarea que hacer, cuanto más tiempo le dediquemos, más posibilidades de éxito tendremos. La autoobservación en cuanto a la exteriorización de nuestras inferioridades es fundamental, y la sublimación en el momento exacto proporciona sanación poco a poco. La reforma íntima debe actuar sobre las características todavía imperfectas que presenta nuestro espíritu, que son nuestras desde hace muchas encarnaciones, y que nos diferencian de los maestros.

Quién ha reencarnado, por ejemplo, con baja autoestima y sentimiento de inferioridad, ¿qué características cree que debería reformar? ¿Y quien se reencarnó con el autoritarismo, la agresividad, qué vino a reformar en sí? Y las personas que sufren de angustia y se entristecen por todo, ¿qué e necesitan reformar? ¿Y los materialistas? ¿Y los egoístas? ¿Y el deshonesto? ¿Y quien tiene miedo? ¿Y el perezoso? ¿Y quien está perdido y no conoce su camino? No es difícil saber para qué nos reencarnamos, basta con darnos cuenta de lo negativo que hay en nosotros frente a las situaciones cotidianas.

Todas las escuelas de psicología trabajan en esta reforma íntima, pero las que se ocupan de la reencarnación saben que nuestras limitaciones ya entraron en nuestro espíritu al regresar a la Tierra, y no empezaron en la niñez, sino que se han manifestado desde entonces. La reforma íntima es el objetivo de la psicoterapia reencarnacionista en el tratamiento de las personas. Si alguien no es capaz de reformarse lo suficiente, al menos debe hacerlo tanto como sea posible, ya que estará ganando tiempo y disfrutando de este pasaje en la Tierra. Podemos mejorar a cualquier edad, incluso cuando nuestra «cáscara» es vieja. Siempre vale la pena, la reencarnación sólo termina en el último momento. En la próxima, continuamos con este trabajo interior.

La reforma interior es la finalidad de la encarnación, pero pocas personas están suficientemente atentas a esto y comprometidas con este trabajo. Hasta el día de hoy, la noción de personalidad congénita no había sido del todo comprendida. La mayoría de nosotros caemos en las trampas de la encarnación y perdemos el tiempo culpando a los «villanos», olvidándonos de mirar nuestro propio techo de cristal. Pero cada vez son más las personas que acuden a mi consultorio para tratar sus defectos de nacimiento, las imperfecciones de su espíritu o, en otras palabras, el propósito de su encarnación, su misión evolutiva. No quieren perder más el tiempo quejándose y peleando con su padre, madre, exmarido, etc. Ya se han dado cuenta de que más importante que los hechos de la vida es lo que surge de lo negativo dentro de cada uno de nosotros frente a estos hechos, porque ahí están nuestras imperfecciones.

Si recordamos lo que nos pasó desde la infancia hasta hoy, y nos fijamos en la forma emocional en que reaccionamos ante ello, nos asombraremos al ver cómo reaccionamos siempre de la misma manera frente los hechos que nos desagradan. O nos sentimos tristes, o heridos, o enojados, o bien rechazados, o sentimos miedo, o nos sentimos inferiores, o superiores, etc. Eso es lo que nuestro espíritu vino a sanar a la Tierra, nuestra imperfección, y espera que la «cáscara» actual sea competente en esta tarea, porque, si la trae consigo de manera intensa, ¡la «cáscara» de la vida pasada era incompetente para eliminar ese defecto! Pero si las personas culpan a los demás por sus faltas, por sus imperfecciones, ¿cuándo sanarán?

El espíritu que sufre de tristeza, vino a eliminar la tristeza; el que trae pena, vino a desechar esta tendencia; el que viene con la baja autoestima vino a cambiar esa forma distorsionada de verse a uno mismo; el que se considera superior ha llegado a verse mejor; los irritados, impacientes, llegaron para aprender a estar tranquilos; el que tiene miedo ha adquirido fuerza… ¡Esto es tan obvio! Entonces, ¿por qué las personas pierden el tiempo diciendo «fue por mi padre...», «fue mi madre...», «me vino de la infancia...», etc.? Pero ¿por qué el niño vino con este padre o madre? ¿Por qué te reencarnaste a esta familia? ¿Qué podrías haber hecho por ellos antes?

Deben decir: «Esto es mío, ya ha venido en mi espíritu, ¿cómo puedo cambiarlo?», «¿Cómo puedo reformarme a mí mismo?», «¿Cómo aprovechar esta encarnación y tener éxito espiritual?». Pero, desafortunadamente, pocas personas piensan de esa manera, por lo que sus encarnaciones a menudo son repetitivas y desperdiciadas.

La personalidad congénita es la clave para el aprovechamiento real de la encarnación.

LOS NIÑOS

Nosotros, reencarnacionistas, debemos ver a nuestros hijos, nuestros hijos y los hijos de los demás desde un punto de vista reencarnacionista y no desde las ilusorias etiquetas de las «cáscaras».

Con el predominio aquí en Occidente, por ahora, de una psicología no reencarnacionista que nos ve desde la infancia, a la que erróneamente considera «el comienzo de la vida», y con el engaño de las ilusiones de las etiquetas, nuestros hijos son considerados «nuestros» e «hijos». ¿Quién es realmente consciente de que son espíritus que regresan? ¿Y que vienen con una historicidad muy antigua de vivencias? Y cuántos llegan aquí y son abortados, rechazados, abandonados, maltratados, cuántos viven en situaciones de maltrato físico, abuso sexual, falta de educación, falta de un verdadero hogar.

Tengo cierto conocimiento sobre las Leyes del Karma, sobre los rescates, la oportunidad que representan ciertas condiciones traumáticas al inicio de esta vida para aprender viejas lecciones. Sé que muchas veces necesitamos pasar por carencias y traumas, que tienen como objetivo servir de estímulo para nuestro crecimiento y evolución de conciencia y la expansión de nuestra capacidad de amar. Pero pienso que, si recordamos vívidamente que entrelazado en ese cuerpecito de bebé, de niño, hay un espíritu que vuelve lleno de esperanza, ansioso por esta nueva oportunidad, que vuelve aquí, indefenso, ágil y sumamente vulnerable, característico del hijo del hombre, o bien por miedo a esta nueva experiencia y, a veces, incluso a regañadientes, seríamos mucho más cuidadosos con lo que hacemos, o dejamos de hacer, con ellos.

Sé que un día la humanidad alcanzará una etapa mayor de sabiduría y, a través del conocimiento del camino evolutivo del espíritu, sabrá que todos buscamos crecimiento y expansión hacia la perfección. Y en ese día, la Tierra dejará de ser un «campo de pruebas y expiaciones» y alcanzará un grado superior, que aún puede darse en este milenio.

Todos debemos comprometernos con el proyecto de evolución de la humanidad y, para ello, es fundamental que empecemos a ver a los espíritus recién llegados («niños») como alumnos que ingresan en una escuela, y nosotros, que llevamos más tiempo aquí, debemos actuar como sus maestros, mentores.

Pero, para ello, es necesario que primero realicemos en nuestro interior un profundo trabajo de crecimiento y desarrollo, que alcance a nuestra sociedad en su conjunto, en sus valores morales, sociales y culturales, para que podamos ver por igual a nuestros hijos y a los hijos de los demás, niños ricos y pobres, los nacidos en nuestro país o en otros, los de «caparazón» blanco, negro o amarillo. Cuando logremos vislumbrar espíritus incrustados dentro de estos diminutos sobres, escondidos bajo tantas etiquetas ilusorias, podremos ser sus instructores espirituales aquí en el planeta.

¡Qué egoístas somos! Incluso nosotros, vestidos de espiritistas, de evolucionados, de sabios, tendemos a pensar que la responsabilidad es de las autoridades, de otros, que no somos culpables de nada, que no colaboramos en nada para la existencia y perpetuación de esta miseria, de esta injusticia cometida contra esos cuerpecitos que deambulan por las calles, los semáforos, que nos llaman tío, tía, y a los que, de vez en cuando, magnánimamente, les ofrecemos unas monedas o un caramelo, una piruleta , o un juguete que nuestro hijo, limpio y perfumado, bien cuidado y alimentado, ya no quiere...

¡Qué hipócritas somos! Pretendemos creer que no tenemos tiempo para reunirnos y acabar con el certificado de la pobreza espiritual, de la estrechez moral, de hacer discursos frente a la televisión, de enfadarnos con los políticos, con las noticias, criticando a los «culpables», tirados en el sofá, al son de los juegos de ordenador y los videojuegos de «nuestros» hijos, que sufren por los que no son nuestros, son de otros, en un contraste que muestra claramente a los responsables de ello: todos nosotros.

Pero esto mejorará, por supuesto, con los siglos, pero cambiará, ¡estoy seguro! Un día, el Reino de los Cielos estará aquí, y ese día estaremos dedicándonos principalmente a los demás, a la salud y al conocimiento, y ya no, como hoy, a nosotros mismos y a los nuestros, a lo superficial y lo temporal. La sanación de la humanidad es la sanación del egoísmo y la ignorancia en cada uno de nosotros.

LOS ADOLESCENTES

En cuanto al tratamiento psicoterapéutico de los niños, el razonamiento de la reencarnación sólo se puede aplicar en las conversaciones con sus padres, a través de la noción de personalidad congénita, las relaciones kármicas, la relatividad de las etiquetas, el propósito de la encarnación, etc., cuando se trata de adolescentes podemos hablar abiertamente con ellos sobre el espíritu, la «cáscara» y el uso de la encarnación.

¡El principal trabajo psicoterapéutico con adolescentes es la descontaminación! En una sociedad como la nuestra, sociedad del pasatiempo, francamente estimuladora de falsos valores, en abierta apología de lo fútil y superficial, de la inmediatez y del placer sensorial temporal, es de fundamental importancia que nuestros jóvenes, que por lo general caminan a ciegas hacia las trampas, perciban lo que es real y lo ilusorio, lo verdadero y lo falso, lo digno de tu atención y lo que debe ser descartado.

Los adolescentes de hoy viven una época maravillosa en cuanto al acceso a las cosas espirituales, esotéricas, místicas, diferente a la época en que yo era joven, cuando me interesaba la astrología, la alimentación natural, los misterios, la profundidad del conocimiento, y luego me veían como un tipo raro, que vivía encerrado en su cuarto devorando libros y más libros, tocando la guitarra. Pero el famoso dicho «Nada como un día tras otro» ha vuelto a demostrar su veracidad y hoy, después de algunas décadas, lo esotérico y lo espiritual estallan en su grandeza, aún no del todo, pero ya señalando el camino al hombre del próximo milenio, que va yendo para dentro de sí mismo, cada vez más, hacia la perfección, hacia su Dios interior.

Pero al mismo tiempo que los escaparates de las librerías se desbordan de mensajes espiritistas, proliferan de manera impresionante las clínicas y cursos en materia energética, ya sea en el área del autoconocimiento o en las terapias alternativas, cuando los canales de televisión abren espacio para el debate y la difusión de estas antiguas verdades, cuando las revistas y los periódicos se rinden ante el inevitable crecimiento del interés de la gente al respecto, cuando todo apunta a la llegada de la Nueva Era, el viejo paradigma se obstina en aparentar que esto es sólo una moda, algo pasajero.

Pero no, la Era de Acuario ha llegado, es el amor humanitario el que viene e, indiferente a los que no creen en estas cosas, se ha establecido definitivamente de manera irreversible. Y así como es imposible evitar la llegada del alba, el nuevo día de la humanidad comienza a despuntar en el horizonte, señalando el florecimiento del hombre nuevo, más sabio, más profundo, más comprometido, más consciente de su papel transformador, de su responsabilidad consigo mismo, con los demás y con todo el planeta.

Cuando un adolescente comienza a pensar en lo que va a ser en la vida, en qué va a trabajar, qué va a hacer para ganar dinero, es importante que primero pase un paño y quite el polvo mohoso de los viejos valores que nublan su visión. Necesita que se anime a realizar un profundo trabajo interior de limpieza y descontaminación de todo lo que le ha contaminado desde que regresó a este mundo, desde los mensajes subliminales, consumistas y sexuales de los programas de televisión «infantiles» que sus padres le animaban a ver cuando era apenas un niño, de la violencia de los videojuegos «inocentes» que estimulaban sus instintos primarios, de los sutiles decretos consumistas que le dicen qué ponerse y qué, qué está y qué no está de moda, de la oscura imposición, aparentemente venida de la nada, que te dice lo que debes o no debes hacer, lo que está bien o mal, conveniente o no, adecuado o no.

Insertos en una sociedad que prioriza el pasar del tiempo, el bienestar, el vivir sin rumbo y sin propósito, que crea y adora falsos ídolos, falsos héroes, tan instantáneos y sin contenido como ella misma, en la que las escuelas trabajan principalmente en el hemisferio izquierdo, estimulando en sus estudiantes sólo lo lógico y lo racional, sin darse cuenta de lo peligroso que es creer demasiado en este hemisferio. La diversión es sólo eso, diversión, las noches son para divertirse, las vacaciones son para divertirse, la vida es para divertirse, y durante el día, ¡qué dolor! «Tienes que estudiar», ¿cómo queremos que nuestros adolescentes se conviertan en adultos que mejorarán el mundo? ¡Lo más probable, y esto es lo que sucede, es que algunos adultos parezcan más niños o adolescentes que adultos de verdad!

Pero, de todos modos, y a pesar de ello, el mundo ha ido mejorando, sorteando las fuerzas que quieren idiotizarnos, robotizarnos, manipularnos como un manso y pasivo rebaño, gracias al enorme impulso creativo innato del ser humano y a la energía transformadora que resuena en todo el planeta, que hace que, poco a poco, la raza humana vaya evolucionando y acercándose cada vez más a un nivel superior de conciencia. Pero que podríamos ir más rápido, ¡ah!, claro que podríamos, pero la Inquisición aún no ha terminado, ahora se disfraza, ya no «purifica» en el fuego, pero sigue creyendo que tiene el poder. No se ha dado cuenta de que no posee nada más, además de su ranciedad académica y su razonamiento machista y separatista.

Una táctica que recomiendo a los adolescentes que quieren aprovechar su encarnación es evitar caer en estados negativos de pensamientos y sentimientos sobre su padre, madre y otros miembros de la familia. He hecho psicoterapia a muchos jóvenes que se quejan, y con razón, de su padre o de su madre, de que son agresivos, ausentes, materialistas, autoritarios, poco cariñosos, etc. Después de hablar sobre el propósito de la encarnación, la personalidad congénita y la ilusión de las etiquetas, les recomiendo que «no se arruinen», es decir, que se comprometan más con su espíritu, en su objetivo anterior a la reencarnación de autoevolución y purificación, que a otro espíritu encarnado, tenga el rótulo de familia que tenga, perdiéndose en el dolor, la ira, la tristeza, la autodestrucción, etc. Hay que dar prioridad a la purificación de las propias características negativas, a la responsabilidad y al compromiso de la «cáscara» con el espíritu.

Un hijo que siente pena y rencor hacia su padre, por estar ausente, no participativo, o agresivo, autoritario, a pesar de tener razón en estos sentimientos, no debe arruinar su encarnación por ello. Debe comprometerse con el proyecto evolutivo de su espíritu, razonando que la herida es suya, que el rencor es suyo, además de que, tal vez, tienen rescates kármicos de otros tiempos. ¿Un niño que se queja de su padre o de su madre sabe lo que les pudo haber hecho en otras encarnaciones? ¿Sabe si no hizo algo peor?

De hecho, cada vez que una persona, adolescente o no, se queja de su padre o de su madre, y me dice que es reencarnacionista, me pregunto: ¿Y por qué Dios escogió a este padre o a esta madre para él/ella? ¿Por qué están vinculados?

La psicoterapia reencarnacionista, trabajando sobre el real aprovechamiento de la encarnación, prioriza más al espíritu que el yo encarnado, proponiendo que éste se coloque bajo la orientación de aquél y, entonces, los sentimientos negativos, como, en el ejemplo, el dolor y el resentimiento, deben ser mejorados, preferiblemente eliminados, incluso si cree que tiene razones para sentirlos, para que no interfieran con la encarnación y el espíritu pueda aprovechar este pasaje para evolucionar.

Además, quien tiene padre y madre es el yo encarnado y no el espíritu, o sea, esto es parte de las ilusiones de las etiquetas, porque en realidad los padres y los hijos son espíritus encarnados y, cuando tienen dificultades para relacionarse, deben buscar armonizarse, ya que es casi seguro que han estado en conflicto durante mucho tiempo. Ésa es una de sus metas previas a la reencarnación.

Muchas veces he visto a personas que desde muy jóvenes sienten rencor hacia uno de sus padres. En las sesiones de regresión descubren que ya eran personas dolidas en ese entonces, es decir, que su dolor es congénito, que procede de otras encarnaciones, por eso reaccionaron con dolor a los hechos de la encarnación actual. Y descubrieron que el objetivo principal de esta encarnación actual es, precisamente, la mejora, o la curación, de este sentimiento. Es un error que alguien caiga en una aflicción que vino a sanar y no está sanando, y con ello estropee su encarnación. Cualquiera que sienta una relación conflictiva con su padre o madre debe mirar detrás de estas etiquetas y pensar que, si hay malestar en la relación, ira, dolor, miedo, y son dos espíritus que se encuentran, esto debe ser antiguo, debe venir de muy atrás... Y luego tratar de resolver este conflicto, mejorar la relación, poner en acción una práctica constante de búsqueda de armonización con aquel hermano de jornada, lo que pasa, obligatoriamente por la mejoría de sus propios defectos.

Una buena forma de lograrlo es mirar los puntos positivos de la persona conflictiva, en vez de quedar apegado sólo a lo que no es agradable en él, como si fuera el dueño de la razón, el perfecto, el apóstol de la virtud, olvidando lo que decía el divino maestro: «¡No hagáis a los demás lo que no queráis que os hagan a vosotros!». Todos aman a Jesús, pero ¿quién realmente lo practica? ¿Y quién ama a su prójimo como a sí mismo? ¿Cuántos tratan a los demás como quieren ser tratados?

En una consulta con un joven que está sintonizado, por ejemplo, con la ira, la revuelta, la aversión, le sugiero que, aunque tenga razón, que su padre o su madre se lo «merece», no estropee su encarnación, no perjudique la evolución de su espíritu con eso, y que piense que probablemente tuvo que pasar por esta situación, para poder sacar esos sentimientos, que son suyos, que brotaron de su interior, para enfrentarlos y eliminarlos de su espíritu. Una situación que el yo encarnado entiende como negativa y dañina puede ser potencialmente positiva para el yo superior en su proyecto de evolución. Lo más importante para la evolución espiritual no es lo que nos hacen, sino lo que sale de negativo dentro de nosotros, eso es lo que debemos eliminar.

Hasta parece que somos puros, perfectos, condenando a nuestro padre, a nuestra madre, como si aún no fuéramos tan inferiores, tanto o más que ellos. Un certificado de nuestra inferioridad espiritual es precisamente que todavía tengamos estos sentimientos negativos, porque si fuéramos espíritus superiores, tendríamos suficiente amor para entender a los demás, para comprender, para perdonar. Si cada quejumbroso o enojado mirara dentro de sí mismo, analizara sus propias faltas, se avergonzaría de quejarse o se enojaría con alguien que lo ha agraviado. ¿Y el daño que hacemos a los demás? ¿Y el mal que hicimos en encarnaciones pasadas? ¡Sólo alguien completamente puro y perfecto podría tener derecho a criticar, a señalar con el dedo, a tirar una piedra, pero un ser de este grado evolutivo no critica, no señala con el dedo, no tira una piedra!

¿Y el alcohol? ¿Y las drogas? Generalmente, el ejemplo para su uso lo dan los mismos padres, en casa, en las fiestas, con sus cigarrillos, su whisky, su agresividad, su ausencia, su falta de guía espiritual, el fomento de falsos valores, la materialidad, la futilidad, la transmisión a sus hijos de una falta de sentido en la vida. Los jóvenes, que por naturaleza anhelan un propósito, que buscan un camino, crecen recibiendo ejemplos de encarnación desperdiciada, sea de sus padres, de la televisión, de los programas «juveniles» de la radio, de todos lados sufren el bombardeo de nuestra sociedad de pasatiempo. Los más sensibles no resisten y quieren escaparse en estos «viajes», y entonces se les llama drogadictos...

Debemos ser conscientes del ejemplo que estamos dando a nuestros hijos. ¿Es nuestro mensaje realmente positivo? ¿Estamos mostrando el valor de la honestidad, la moralidad, la ética, el amor, el dar? ¿Estamos realmente caminando en línea recta, con sencillez, igualdad, sinceridad, fraternidad, justicia, o estamos dando a estos hermanos que vinieron después de nosotros un ejemplo de hipocresía, ira, impaciencia, tristeza, desánimo, falta de perspectiva, de vicios como beber, fumar y otros menos explícitos?

He tratado a muchos jóvenes que beben, que se drogan, y la mayoría de las veces son espíritus buenos que no se están adaptando a este lugar, y en muchas ocasiones no han recibido la orientación moral y espiritual de sus padres en cuanto a la evolución del espíritu, el propósito de la encarnación, todas estas cuestiones que la nueva psicoterapia reencarnacionista agrega a la psicología y la psiquiatría. Por el contrario, casi todos los jóvenes que se están perdiendo por ahí reciben un mal ejemplo de sus padres, ya sea en el aspecto moral, o en la visión materialista de la realidad, o bien en la falta de los verdaderos valores del amor y la caridad.

Algunos jóvenes que se drogan, que se autodestruyen, son espíritus que aún no logran comprender el lado espiritual de la existencia, y en este caso nuestra sociedad materialista fomenta aún más sus aspectos inferiores. Pero la mayoría de los adolescentes que atiendo son espíritus sensibles, en buen grado de evolución, que están desorientados, porque desde su infancia recibieron una orientación contraria a los verdaderos ideales espirituales. Fueron, poco a poco, contaminados con información vacía y superficial, en casa, en las escuelas, en los clubes, en los medios de comunicación, y estas contaminaciones actuaron de tal manera que desarrollaron en ellos el deseo de destruirse, de irse de aquí, de este mundo construido por sus padres y, para ser honestos, ni siquiera podemos decir que estamos orgullosos de nuestro trabajo.

Todos somos responsables de esta epidemia de drogas entre los jóvenes, y para acabar con ella debemos, sobre todo, cambiar nuestro interior, hacer un *mea culpa*, reconocer nuestros errores, nuestras equivocaciones, en la educación que les hemos dado. Muchos padres no beben ni fuman, y éstos tienen razón, ya que están dando un buen ejemplo a sus hijos.

Estoy totalmente en contra del uso de las drogas, pero no acepto la condena de los jóvenes que las consumen. Mientras nuestra sociedad apeste, nuestro techo de cristal no nos permite erigirnos en defensores de la moral y las buenas costumbres. Necesitan orientación sobre la reencarnación, deben ser instruidos sobre la evolución espiritual, deben conocer la inferioridad de nuestro plano terrenal, aprender que ellos son la «cáscara» que cubre a un espíritu que está aquí pasando tiempo, y que, en vez de perderse en las trampas de esta sociedad terrena, deben colaborar con las fuerzas del bien que poco a poco van desactivando estas trampas, mediante la implantación del Reino de los Cielos en nuestro planeta.

A mis hijos, en la medida en que van creciendo y comenzando a pensar en qué profesión seguirán, les aconsejo que, primero, se dediquen a una actividad que trate con lo que más les gusta hacer, luego se pasarán la vida trabajando en lo que les emociona, lo que les motiva. Sólo así tendrán la motivación para saltar de la cama por la mañana, pasar todo el día trabajando, con alegría, con amor y siempre esforzándose por evolucionar, por crecer. En segundo lugar, les recuerdo que la única finalidad de una encarnación es la evolución del espíritu, obra que debe realizar la «cáscara», y por eso deben estar atentos a ello, en obediencia a los dictados superiores, en la limpieza de sus inferioridades. En tercer lugar les pido, para ayudar aún más a su elevación espiritual, que dirijan su trabajo, su esfuerzo, su dedicación, principalmente hacia sus hermanos de jornada, para el bien de los otros y la evolución de la humanidad.

No les hablo de ganar dinero, bienes materiales, posición social, inflar su ego, competir con los demás… Al contrario, trato de mostrarles cómo aprovechar realmente su encarnación actual. Por supuesto, cada uno aprovechará esta orientación según su grado evolutivo, pero yo estoy poniendo de mi parte, dándoles una educación evolutiva. Desde pequeños ven a su padre trabajando todo el día, algunas noches y fines de semana, pero yo no me quejo de trabajar tanto, al contrario, como amo lo que hago, me siento dispuesto y motivado, y les doy un ejemplo de dedicación y amor al trabajo. Intento transmitirles una orientación espiritual, basada en la moral, la honestidad y la rectitud de conducta.

Quiero ver, algún día, a todos los jóvenes trabajando para mejorar el mundo, para eliminar la pobreza, el hambre, las guerras, la desigualdad social. El papel de los jóvenes es ser ese instrumento de transformación. Ellos deben usar el poder de la indignación positiva para cambiar el mundo.

LOS ADULTOS

La mayor parte de personas que hacen tratamiento son adultos, personas que ya tienen una familia formada, una profesión y otras características sociales propias de este grupo de edad. La mayoría se sienten frustrados y refieren insatisfacción, descontento, que se proyecta en su matrimonio, en su actividad profesional, o a veces no pueden entender lo que les molesta, tan sólo sienten que no están satisfechos.

Lo que observo, casi por regla general, incluso en los reencarnacionistas, es que en realidad no están dirigidos al fin principal de la encarnación –a evolución espiritual–, sino a las actividades terrenales, comunes, cotidianas, en una forma de vivir en medio del vértigo, sin rumbo definido, sin sentido existencial. Muchas personas van viviendo, se levantan por la mañana, viven los días, las noches, comen, trabajan, se divierten, duermen, aman, corren, luchan, sobreviven. La vida sigue, sin un plan coherente con un propósito mayor, porque sus sueños e ideales no suelen estar conectados con los anhelos superiores de su espíritu. El resultado de esta desconexión con el yo superior son vidas terrenales, con éxitos y fracasos terrenales, con victorias y derrotas terrenales, sin la participación efectiva de su guía interior, su yo divino, que sabría guiarle por las trampas y laberintos de la encarnación.

Pero ¿cómo acceder a este guía interior, si la mayoría cree que está fuera de sí mismo, en los centros, en las iglesias, en los cultos, en los libros, en el «cielo»? Los niños, que acaban de llegar, ya están siendo desviados del camino; los adolescentes luchan por encontrar ese camino nuevamente, a menudo sin éxito, ya que les han hecho olvidarlo; y los adultos, que ya podrían estar ahí delante, pisándolo victoriosos, a menudo están demasiado ocupados, corriendo de un lado a otro, sin saber exactamente dónde, y no tienen tiempo para pensar en ello. Pregúntale a un adulto para qué vive y obtendrás muchas respuestas, pero nunca la respuesta correcta: «¡Vivo para la evolución de mi espíritu!».

¿Qué es vivir para la evolución del espíritu? Los adultos que han leído este libro hasta aquí ya conocen la respuesta: consiste en mejorar sus rasgos de personalidad congénitos negativos, armonizar con los espíritus en conflicto (que suelen estar presentes) y trabajar para ayudar a los demás. ¿Tú, lector, que estás leyendo ahora mismo este libro, acaso estás haciendo eso? ¿Es tu día a día una escuela en la que estás siendo aprobado con honor? En tus autoevaluaciones, ¿estás mejorando, eres más puro, más evolucionado, te hallas más cerca del nivel de los maestros espirituales? ¿Tu cuerpo físico está funcionando bien, sin gastritis, rinitis, asma, reumatismo, cáncer? ¿No estás durmiendo demasiado, viendo demasiada televisión, divirtiéndote demasiado, perdiendo demasiado tiempo? ¿No fumas? ¿No bebes?

Nuestro espíritu viene aquí para limpiarse y no para contaminarse. Así pues, ¿es adecuado intoxicarnos con pensamientos contaminantes, sentimientos contaminantes, alcohol, nicotina, drogas? ¿Esa «cáscara», que nació llena de esperanza, esperaba que a los 40, 50, 60 años, estaría casi hecha pedazos, barriguda, flácida, neurótica, enferma? ¿Para eso fue hecha? Nuestro espíritu esperó un tiempo, allá en el Astral, el momento de volver aquí, para poder evolucionar y crecer, y acaso ¿es justo que su «cáscara» haga un trabajo contrario, perdiéndose en la pereza, en los pasatiempos, en el materialismo, en el egoísmo, en la tristeza, en la ira?

Nuestra encarnación debe ser analizada como un todo, desde el día que volvimos aquí hasta el día de nuestro regreso. Debemos tener en cuenta cuánto tiempo nos queda, para hacer la obra que nuestro espíritu espera de nosotros. Gracias a la evolución de la medicina, el ser humano se va desencarnando cada vez más tarde y esto se expandirá aún más. Calculando una edad media de desencarnación en los 80 años, los que tienen, por ejemplo, 50 años todavía tienen unos 11 000 días para hacer evolucionar su espíritu cada día, que es mucho tiempo. Si tienes 60 años, todavía tienes unos 7000 días para hacerlo, ¿no es suficiente? Si tienes 70 años, tienes unos 3600 días, que sin duda es tiempo suficiente. Quien haya llegado a los 80 años, adelante, evolucione cada vez más, porque el verdadero reencarnacionista siempre mira hacia delante, el infinito, la Perfección. Sólo debemos mirar hacia atrás para aprender de nuestros errores y tratar de corregirlos, nunca quedarnos allá atrás.

La forma reencarnacionista de mirar una encarnación es mirarse desde arriba y no horizontalmente. Por ejemplo, si una persona tiene 40 años (lo que significa que su «cáscara» actual tiene 40 años), si mira horizontalmente, puede decir: «¡Ya tengo 40 años!», y concluir que se está haciendo vieja, que el tiempo ha pasado, que lo que no hizo ya no se puede hacer, que ya no tiene tiempo, etc. Si mira desde arriba, puede decir: «¡Hace 40 años que estoy reencarnado, estoy a la mitad, todavía me queda la mitad de esta encarnación para evolucionar espiritualmente!», y luego darse cuenta de que lo que vino a hacer, cambiar, mejorar, en sí mismo, todavía hay tiempo para hacerlo.

A los adultos que son infelices y están pensando en cambiar su profesión, actividad, les digo que deben cambiar si comprenden, después de un examen cuidadoso, que realmente no están en el camino correcto. Siempre es tiempo de cambiar para mejor, de corregir el rumbo, de rectificar el camino. Entonces, un cambio siempre es bienvenido, siempre que cumpla con los requisitos de la evolución espiritual. Pero lo más importante no es en qué trabajamos, sino cómo trabajamos. Lo más importante no es lo que somos, sino quiénes somos. Los rótulos, los títulos, los diplomas… quedarán allí olvidados cuando partamos, pues nuestro espíritu emprenderá el viaje de vuelta sin nada de material acoplado a él, y allá arriba se sentirá realizado o frustrado, agradecido a su descartada «cáscara».

Además del trabajo interno de evolución y purificación, los adultos deben ser conscientes del compromiso que tienen con sus hijos, en el sentido de mostrarles el camino correcto, en línea recta, la responsabilidad con sus acciones y palabras. Los padres y demás adultos deben servir de faro, guiando estas naves que vagan por los mares turbulentos y engañosos de nuestra sociedad materialista, fútil, apetecible, buscando, con mucho amor, con mucha luz, encaminarlos a puerto seguro, con la seguridad de una guía superior, con la protección del amor divino.

LOS PADRES

Sin duda alguna, la mayor responsabilidad que asumimos con otro espíritu en una encarnación es traerlo del Astral a la Tierra. Al tomar esta decisión, cada uno de nosotros debe tener en cuenta que, escondido detrás de la etiqueta «padre» y «madre», el que llamamos «hijo» es, en realidad, un compañero de viaje, alguien que criamos arriba, que solemos saber quién es, de viejas encarnaciones. Puede ser un amigo que ha llegado para que podamos continuar el camino juntos o un viejo conflicto que se nos ha acercado para armonizarnos y, con ello, crecer.

Este espíritu ciertamente tiene que ver con nosotros, nos unen sentimientos superiores o inferiores. En el primer caso, tendemos a llevarnos bien. En el segundo, un conflicto, mayor o menor, entre nosotros es casi inevitable. En ese conflicto podemos ver en nosotros mismos lo que tenemos que cambiar, eliminar, como la impaciencia, la crítica, la ira.

Los padres tienen la oportunidad de mejorar el contacto con sus hijos y ayudar a estos espíritus a cumplir su misión de purificación. Las negatividades de nuestros hijos pueden aumentar o disminuir desde la niñez, principalmente de acuerdo con nuestro desempeño. Debemos desarrollar más cariño, más firmeza, más atención hacia ellos, más orientación positiva, dar un buen ejemplo, mostrar el camino del bien y estar atentos a lo que surge de lo negativo dentro de ellos desde una edad temprana. Un niño viene con tendencia a ser autoritario, otro a ser sumiso, uno viene con una tendencia materialista, otro a distraerse, uno es egoísta, otro desde pequeño le gusta el alcohol, el cigarrillo, etc. El papel de los padres en una encarnación es de fundamental importancia en la evolución espiritual de sus hijos, en el sentido de ayudarlos a crecer, a eliminar sus imperfecciones.

Pero pocas veces recordamos con cierta frecuencia que nuestro hijo, detrás de su «cáscara», es un ser que avanza hacia la perfección, como nosotros que descendimos antes, y que ahora llega para cumplir sus misiones, entre ellas, muy a menudo, la búsqueda de un rescate y armonización con nosotros. Como también nosotros un día llegamos a nuestros padres, y ellos también, y los que les precedieron, y así sucesivamente. Todos seguiremos llegando, en diferentes «caparazones», en diferentes lugares, en diferentes momentos, y así iremos, siempre adelante, adelante. El progreso es la meta de todo ser vivo, la purificación es la meta.

De hecho, ¿qué es un niño? Detrás de esa etiqueta, en ese cuerpecito de 3 kg, indefenso y a merced del cuidado de sus padres, ¿está un viejo amigo y compañero o alguien con quien hemos tenido problemas y conflictos durante algunas encarnaciones? Puede haber sido nuestro padre o madre, puede haber sido nuestro esposo o esposa, nuestro hijo o hija, etc., pero siempre se acerca a nosotros por divergencia o afinidad. Y, sobre todo, viene a crecer espiritualmente, como nosotros y todos los que estamos aquí. ¡Nunca se debe olvidar que el único propósito de la reencarnación es la evolución espiritual! Incluso si dos espíritus enemigos se reencarnan muy juntos, es para brindar la oportunidad a la evolución de ambos, pero casi inevitablemente terminan perdiéndose en la ira y el dolor, y por eso no alcanzan la meta deseada antes de descender.

Las reencarnaciones ocurren naturalmente, con personas conectadas entre sí, negativa o positivamente. Hay un retorno de la armonía universal a nuestros pensamientos, sentimientos y acciones actuales y pasadas. El conocido «atraemos» funciona desde antes de que llegáramos aquí abajo, ya viene en la aproximación con nuestros padres, familiares y demás personas que van entrando en nuestra vida, durante la encarnación.

Debemos aceptar a nuestros hijos tal como son, aunque revelen, desde una edad temprana o más adelante, defectos y rasgos de personalidad que nos molestan, y aunque sean imperfecciones muy graves. Generalmente, la ley de acción y reacción se está dando, lo que implica un intento de rescate y armonización con nosotros, apuntando a su y nuestra elevación espiritual. Si fuéramos espíritus algo superiores, podemos estar recibiendo la orden de ayudar a un hermano menos evolucionado en su camino de ascensión.

Algunos padres me confiesan, a veces avergonzados, que su hijo tiene una mala conducta, y muestra, por ejemplo, personalidad fútil, voluble, agresividad, egoísmo, racismo, delincuencia, hipersexualidad, etc., y se preguntan en qué se equivocaron en su crianza, ¿qué hicieron mal para que fueran así? ¿Por qué se quedaron así?

Basándome en el pilar básico de la psicoterapia reencarnacionista –la personalidad congénita–, les digo a los padres que ya tenían, cuando se reencarnaron, estas características de personalidad, que se van haciendo evidentes. ¿Qué pudo haber entre ellos en encarnaciones pasadas? ¿Por qué están cerca? Muchas veces observamos que un niño con tendencia agresiva tiene unos padres también con esta característica, por lo que siempre debemos pensar en lo que ha pasado antes entre ellos, en otros momentos, con diferentes etiquetas... ¿El hijo actual era el padre? y ¿el padre de hoy era el hijo? Un padre o una madre con características de agresividad y violencia siempre debe preguntarse qué podría haber hecho para el espíritu que es hoy su hijo en pasadas encarnaciones.

Pero en la terapia, en el aquí y ahora, hay que estudiar bien las relaciones familiares, en la infancia y en la actualidad, de los padres entre sí, con los hijos, analizar lo que los padres practicaban, o practican, las conductas incorrectas e inadecuadas, desde la fecundación hasta hoy, como la agresión, el rechazo, el abandono, la falta de buen ejemplo, la falta de diálogo, etc., porque las características congénitas negativas de nuestros hijos, especialmente los problemáticos, se agravan con estos desencadenantes. Por el contrario, tienden a mejorar con el amor, el cariño, la atención de los padres y de otras personas involucradas, aunque, normalmente, hacia la mitad de la encarnación, hacia los 30 o 40 años es cuando se manifestará la gran crisis de conciencia, brindando oportunidades para el cambio. Pero a menudo no es así, y entonces queda para la próxima...

Los padres debemos ser pacientes con las carencias de nuestros hijos, dar amor y buen ejemplo, y esperar a que la vida les enseñe los cambios necesarios. ¡Lo que nunca debemos hacer es dar un mal ejemplo! ¿Cómo querer cambiar una personalidad agresiva de un niño agrediendo, golpeando? ¿Cómo ayudar a un niño triste, desanimado, con una forma de ser deprimida, perezosa, desmotivada? ¿Cómo querer que un niño sea caritativo, espiritual, en un ambiente egoísta, superficial, materialista?

Durante el embarazo de un niño los padres deben tener mucho cuidado con lo que piensan, lo que sienten, lo que dicen, como actúan en relación con el niño que va construyendo su cuerpo físico dentro del vientre, como observo en las regresiones la capacidad que tiene el espíritu de percibir, sentir, su entorno familiar, ¡en detalle! Éste es un cuidado sumamente importante que debemos tener, porque los pensamientos, sentimientos y las acciones de los padres y demás familiares, cuando sean negativos o atemorizantes, quedarán en su inconsciente, sumándose a lo que ya ha traído consigo, desde antes, y puede, entonces, amplificar las tendencias congénitas que tiene nuestro hijo, de sentirse rechazado, de enfado, de autodestrucción, etc.

En mi libro *20 casos de regresión*, presento algunos relatos de vida intrauterina que no dejan lugar a dudas. Las informaciones durante las regresiones son temas muy poderosos que están trabajando dentro de nosotros, en otra banda vibratoria, más allá del cerebro, en el inconsciente.

He visto muchas veces en regresión que un comportamiento delincuente, marginal, con tendencia a actos antisociales, e incluso criminales, es el mismo practicado por ese espíritu en las últimas encarnaciones. Precisamente, el propósito de esta nueva encarnación es la búsqueda del mejoramiento de estos asuntos. En algún momento, en la infancia o la adolescencia, se revelarán, y la psicología y la psiquiatría tradicional iniciarán una búsqueda desesperada del «comienzo» de la vida, la personalidad de los padres, el entorno familiar, las relaciones familiares... para encontrar la «causa» de tal conducta. A menudo, esto ha sido alimentado por una acción irresponsable de los padres, o uno de ellos, pero a veces ha surgido incluso cuando los padres son responsables, amorosos y atentos.

La «causa» es la personalidad congénita del espíritu, mientras que los factores externos pueden ser agravantes o atenuantes. La actuación de los padres y la familia será decisiva para empezar a mejorar las tendencias congénitas negativas de sus hijos o para mantenerlas, e incluso empeorarlas. Por eso, siempre debemos orientar y educar a los padres sobre cómo tratar a sus hijos, sean los que sean, con amor, paciencia, comprensión y, sobre todo, con mucha amistad y compañerismo. Como decía antes, lo que los padres debemos dar a nuestros hijos es un buen ejemplo, mostrándoles el camino recto, la acción correcta, y esperando que lo vayan asimilando poco a poco, paulatinamente.

Contrariamente a las críticas que se nos hacen, de que sólo nos ocupamos de vidas pasadas y de lo espiritual, la psicoterapia reencarnacionista trata de la infancia y de los hechos de la vida actual, porque es en la encarnación que el espíritu evoluciona. Así pues ¿cómo no vamos a valorar la vida presente? La principal diferencia entre la psicoterapia reencarnacionista y la psicología tradicional es que nosotros nos ocupamos de la personalidad congénita, donde encontramos el propósito de la encarnación. Somos el resultado de nuestra personalidad congénita e infancia en la vida actual y, nunca, como afirma la psicología tradicional, los no reencarnacionistas, una consecuencia de nuestra infancia, como si hubiéramos nacido puros y perfectos y algo o alguien nos «hubiera arruinado».

La personalidad está en el espíritu y éste es el mismo, encarnación tras encarnación, por lo que no es correcto decir que un hijo «salió» al padre, otro «a la madre», etc. En realidad, cada uno de nosotros «salió» de sí mismo de vidas pasadas. Pero está el molde psicobiológico, que es de una semejanza física y de personalidad entre un niño y el padre, un niño y la madre, con la familia de uno u otro, etc.

A menudo, en las conversaciones con los padres, encontramos referencias al rechazo del embarazo, intentos o pensamientos de aborto, necesidades, abandono, agresión entre padres durante la fase intrauterina, alcoholismo, drogadicción, visión materialista de la vida, etc. que parecen haber provocado la aparición de esas conductas patológicas en un niño. Pero no es así, de hecho, estos factores patógenos sirvieron de detonante, provocaron el surgimiento de lo que ya era negativo en la personalidad de aquel espíritu recién llegado, sacaron a la luz lo que venía a ser curado, o mejorado, en este nuevo intento. Y a menudo lo empeoraron.

Lo ideal sería que tratemos a nuestros niños con respeto y amor desde el vientre y después de su partida, durante su estancia cerca de nosotros, pero muchos padres, cobardemente, los golpean, gritan, maldicen, ofenden, maltratan, mostrando de ese modo su propias imperfecciones y defectos, que necesitan ser sanados... Cada ser humano saca a relucir en el otro las características internas, negativas o positivas, y así podemos reforzar lo que nuestro prójimo tiene como negativo, con nuestras propias negatividades, o ayudar para sanar sus imperfecciones, sacando a relucir lo positivo en ellos.

El amor de los padres es la gran palanca para ayudar a sanar las negatividades del ser que están trayendo del Astral, y en su actitud y postura, con su hijo, cualquiera que sea, los padres podrán colaborar intensamente para que ese espíritu que se reencarna realmente aproveche este paso terrenal.

Los padres deben ser conscientes de dos cosas:

1. Lo que piensan, sienten y hacen, para no poner en peligro su proyecto de cuidar y ayudar a ese hermano que recibieron.
2. Lo que su hijo muestra de negativo es congénito, para comprender cuál es la propuesta evolutiva de su espíritu al reencarnar, que vino a purificar.

Aunque estas nociones reencarnacionistas sobre las relaciones entre padres e hijos se estudian en las religiones reencarnacionistas, ahora, con la psicoterapia reencarnacionista, se empiezan a analizar desde un punto de vista psicoterapéutico. Así pues, a los padres que están leyendo este libro, que creen que se equivocaron con su hijo durante el embarazo, en los primeros años de su vida extrauterina, o incluso ahora, les digo que la gran ventaja de que la encarnación sea larga es que nos proporciona muchas oportunidades para corregir nuestros errores, para rectificar nuestra conducta, para enmendar lo que hemos hecho mal. ¡Cualquier momento es bueno para empezar a hacer las cosas correctas! El amor mostrado por un niño es siempre la mejor solución. Quien crea que ha dado poco hasta ahora, debería empezar a dar el doble para compensarlo. Quien golpeó, atacó, que comience a alisar, a acariciar. Siempre hay tiempo para revisar lo que hicimos mal y pedir perdón.

Pero no te culpes demasiado, creyendo que tu hijo es así por tu causa, que, si no lo hubieras rechazado, pensando en abortar, si hubieras sido más cariñoso, considerado…, no sería un ejemplo de alcoholismo, agresividad, egoísmo, etc., todo sería diferente. Tal vez en intensidad, pero los defectos e imperfecciones que llevamos en nosotros, en nuestro Espíritu, tarde o temprano aparecen. Lo importante es que estemos dispuestos a ser colaboradores en la purificación deseada por el espíritu que vino como hijo nuestro y no mantenedores o reforzadores de sus imperfecciones congénitas.

Lo que muestran nuestros hijos en cuanto a defectos, dificultades, características negativas, en mayor o menor medida, es suyo desde hace mucho tiempo y es lo que vinieron a enfrentar en la encarnación actual. Si nos equivocamos con ellos, y si estamos cometiendo errores, agravando sus imperfecciones, siempre estaremos a tiempo de corregir nuestro comportamiento y cumplir con nuestra misión como padres, aceptándolos tal como son y tratando amorosamente de ayudarlos a cumplir su misión purificadora. Si han venido a nosotros atraídos por conflictos con nosotros, por desencuentros ocurridos mucho tiempo atrás, entonces es hora de poner fin, reconciliarnos y, si es posible, incluso amarnos. Si no podemos llegar tan lejos, al menos deberíamos intentar acercarnos lo más posible. Quien logra amar a alguien, o al menos gustarle a alguien, cuando antes se sentía repelido, además de estar liberándose a sí mismo, y liberando a otro ser, está ampliando su capacidad de amar, lo que significa evolución espiritual. Esto mejora su karma y aumenta su luz.

Ser padre y madre es una gran prueba, porque podemos demostrar si somos capaces de amar o no. Es en la práctica que mostramos quiénes somos, y muchas veces un niño «problema» está ahí, entre otras cosas, para ayudarnos a evolucionar, a tener más paciencia, más comprensión, más capacidad de dar. Pero es necesario estar atentos a la búsqueda de nuestra evolución espiritual, y la de los demás, para tener el discernimiento suficiente para percibirla.

La evolución espiritual es la expansión de nuestra capacidad de amar. Para los que no nos molestan, a los que admiramos, es fácil, pero ¿y para los que muestran graves imperfecciones, actúan mal con nosotros, cometen errores? Una buena manera para que los padres se den cuenta de lo que deben mejorar en ellos mismos es ver lo que parece ser negativo en ellos mismos en contacto con un niño «problemático». En lugar de sólo criticarlo, mira en tu interior. Cuando lo señales con el dedo, observa que los otros dedos apuntan hacia atrás...

LOS ANCIANOS

Debido a un medicamento que sólo se ocupa del cuerpo físico, olvidando el origen de las enfermedades, que está en los pensamientos y sentimientos, y a una visión limitada que estipula la muerte del cuerpo físico como fin de la vida, la mayoría de nuestros mayores, y perdóname la expresión, están «hechos trizas». Pocas personas de 70 u 80 años son realmente saludables, física, emocional y espiritualmente. Cuando conocemos a alguien así, nos asombra ver su disposición, alegría y optimismo. ¡Lo que debería ser la regla es la excepción!

Hoy en día ya se sabe que las enfermedades del cuerpo proceden del interior de las personas, de su personalidad, de su vida. Los antiguos medicamentos, que están resurgiendo como alternativa a la medicina oficial (únicamente orgánica), están jugando un papel muy importante en el sentido de rescatar la humanización, la visión integral del ser humano. Sus métodos provienen de conocimientos ancestrales de la cultura oriental, mientras que nuestra medicina tradicional es heredera directa de la ciencia materialista, reduccionista, que no cree en nada que no ve, y aun con la física cuántica señalando el camino hacia lo «invisible», permanece en la postura del avestruz, escondiendo la cabeza, ridiculizando, negando, combatiendo lo que venía, de hecho, a ayudarlo a evolucionar, a liberarse.

Nuestros ancianos, después de toda una vida de tratar su estómago, pulmones, hígado, vejiga, próstata, articulaciones, corazón, y no sus penas, tristezas, frustraciones, enfados, están ahí, sobreviviendo, creyendo que están siendo tratados cuando, de hecho, sólo se les mantiene con vida. La alopatía no es una medicina curativa, nunca lo fue ni lo será, precisamente por su visión materialista organicista, que ve sólo el cuerpo físico, creyendo que la enfermedad está en él y que allí debe curarse.

Es un medicamento salvavidas, apropiado para urgencias y emergencias, ahí es soberano y, afortunadamente, existe y evoluciona cada vez más. Pero tratar a un ser humano, cuidarlo, mantener su salud, evitar enfermedades, profundizar, ahí es donde entran la psicología y las medicinas energéticas.

Lo que vemos en el consultorio son personas mayores, con también viejas enfermedades físicas, que provienen de situaciones traumáticas en sus vidas pasadas, sumadas a los traumas de su infancia actual, de su matrimonio fallido, una actividad profesional poco gratificante, preocupaciones por sus hijos, ira, dolor, miedo. De ahí proceden el asma, los trastornos digestivos, los problemas cardíacos, el reumatismo, el cáncer y todo lo demás que aparece en la «cáscara», que no está cumpliendo su misión, que no se ha puesto verdaderamente al servicio de la evolución del espíritu, un servicio que debe realizarse con alegría, entusiasmo y placer, y nunca con pena, tristeza, ira, ansiedad.

En ciertos casos, lo que se puede hacer es aprender la lección e intentar, en la próxima encarnación, no repetir el mismo error, no estar triste, dolido, autoritario, agresivo, etc. En algunos casos, se puede remediar un poco, tratando los pensamientos y sentimientos negativos, con alguna repercusión positiva en el físico. Eventualmente, hay mejoras, e incluso curaciones maravillosas, pero siempre asociadas con una conciencia profunda, una comprensión elevada de lo que es la encarnación, de la relación de la «cáscara» con el espíritu, de la verdadera responsabilidad, de su compromiso.

En la evolución de la humanidad, todo debe servir de estímulo para el mejoramiento y la superación y, por tanto, se debe advertir la dificultad que tiene la medicina orgánica en tratar al ser humano en su totalidad, en buscar curar la enfermedad en su origen. Esto señala la necesidad de la asociación de la medicina tradicional con la nueva (vieja) visión de las medicinas energéticas, potencialmente curativas, y esto es lo que propone el holismo. Los que trabajamos en terapias energéticas alternativas estamos trabajando en el embrión de la medicina del futuro, cuando los médicos y terapeutas puedan entender y tratar la bioenergía, la energía humana. La enfermedad física es un cambio, una acumulación o deficiencia energética, y ésta proviene de los pensamientos y los sentimientos, que afecta a los chakras y luego afecta a los órganos.

Nuestros mayores, lamentablemente, tuvieron que pasar por esto, pero los futuros mayores podrán evitarlo y no llegar a la recta final de la encarnación en tan malas condiciones. De ahí nuestro compromiso con la evolución de la medicina, la psicología y la psiquiatría, porque si vemos y cuidamos el aspecto espiritual, mental, emocional y físico de las personas, en ese orden, entonces podemos decir que las estamos cuidando. Tratar sólo lo físico es un proceso paliativo, caritativo, es ayudar a sobrevivir, pero es superficial.

¿Qué deben hacer las personas que están con sus cuerpos físicos en una edad más avanzada? Quien es reencarnacionista debe mirar hacia delante y esforzarse en purificar su espíritu lo más posible, entendiendo que la encarnación sólo acaba cuando acaba, que toda mejora que se consigue es beneficiosa, que toda evolución suma puntos, que cada peldaño que se sube lo está acercando hacia lo más alto. Así pues, no debe darse por vencido, entregarse a sí mismo, sino mantenerse en el camino, firme y fuerte. Quien se equivocó, que no se equivoque más; el que ha pecado, que no peque más; el que está perdido, que busque encontrarse a sí mismo, y el que se ha engañado a sí mismo, que descubra la verdad, que está en el espíritu, en la reencarnación, en la salud, en la búsqueda de la perfección.

La edad es simplemente la edad del cuerpo físico actual, el tiempo contado desde el momento en que nuestro espíritu regresó a la Tierra esta vez. Esto es parte de la lista de ilusiones «cáscaras», y muchas personas se juzgan a sí mismas y a los demás por la edad, se hacen llamar niños, adolescentes, adultos, ancianos, etc. Dentro de cada uno de nosotros hay un espíritu antiguo que va en busca de la maestría.

Viejo espíritu de «cáscara», no abandones los puntos antes de tiempo, disfruta de tus últimos 5 a 10 000 días aquí en la Tierra, para evolucionar espiritualmente, cada vez más, todo lo que no has logrado hasta ahora. Nada de jubilarse de la vida, de dormir mucho, ver mucha televisión, esperar la visita de los hijos y los nietos, ¡no morir por aquí! Estudia, trabaja, ayuda a los pobres, a los necesitados, a los carentes. Olvídate de esa tontería del «fin de la vida» y entrégate, en cuerpo y alma, al propósito evolutivo de tu espíritu. ¡Sé fiel a tus propósitos evolutivos y dedícate a esta encarnación con optimismo, voluntad, fuerza, amor y fe! Esto es saber envejecer, ser cada vez más sabio, más completo, más verdadero.

En una encarnación, cuanto más se envejece, mejor se debe ser física, psicológica y espiritualmente. Una cosita por aquí, una cosita por allá, un poco de herrumbre, son cosas normales, pero envejecer y empeorar es lo contrario a lo que vinimos a hacer a la Tierra. Le pido a Dios que me ayude, cada año que pasa, a mejorar, desde todos los puntos de vista. ¡Y te deseo lo mismo a ti!

Dentro de un tiempo, todos tendremos un nuevo cuerpo, ¡ kilómetro 0!

LA HUMILDAD

La humildad es el reconocimiento del propio valor, sin necesidad de reconocimientos y elogios externos, sabiendo que por encima de uno siempre habrá personas más capaces, más evolucionadas. Ser humilde es no compararse con nadie, no querer ser mejor que nadie, no competir, no jactarse, no darse un lugar destacado por encima de los demás, no creerse superior, ya sea en inteligencia, belleza o deporte, espiritual, o cualquier otra capacidad. Ser humilde es ser lo que eres, quererte a ti mismo, creer en ti, competir sólo contigo mismo para, cada vez más, crecer y evolucionar en el mayor valor del espíritu, que es el amor.

La humildad no es agachar la cabeza, dejarse pisotear, ponerse por debajo de alguien, juzgarse inferior, creerse incapaz. Ésta es una creencia en la inferioridad, en la incapacidad para afrontar y superar las dificultades de la encarnación y, con ello, en la imposibilidad de colaborar activamente en tu progreso y en ayudar a los demás y al planeta. La persona que parece humilde, pero que en realidad adora la creencia de inferioridad, afecta a los demás con su aire de sufrimiento, con su actitud de víctima, pobre, entristece a su familia con su dolor y enfermedades, carga a su prójimo con sus lamentos y suspiros. A menudo envidia a los que considera superiores a él y, lo que es peor, ¡incluso puede culparlos por sus fracasos! Realmente no lucha por mejorar su vida, no se esfuerza lo suficiente por evolucionar, por crecer, puede ser buena de corazón, pero no consigue ayudar a los otros tanto cuanto podría, por su flaqueza, su timidez, su pena, su rabia guardada, y, si lo hace en pensamientos y en oraciones, en la práctica, la concretización de eso generalmente es muy pequeña.

La persona verdaderamente humilde es fuerte, pero no ataca a su prójimo, tiene confianza, pero no quiere vencer a nadie, es vencedora, pero no anhela los bienes materiales, es guerrera, pero no lucha por victorias fútiles e ilusorias. Ella sólo quiere ser buena de corazón, respetar al prójimo, a los animales y a la naturaleza. Quiere y hace lo que espera que se le quiera y se le haga, pero si no recibe a cambio, acepta y comprende. La persona humilde es fuerte y su fuerza es la que le hace no atacar, no competir, no querer superar a nadie, no anhelar valoraciones ni premios ilusorios externos.

Admiro mucho a los verdaderamente humildes, porque de ellos es el Reino de los Cielos, pero lamento el error de los falsos humildes, que viven en el sufrimiento, por confundir humildad con inferioridad. Muchas veces detrás de la falsa humildad se esconde el orgullo.

El error en la interpretación de la humildad ha hecho que las injusticias sociales se perpetúen durante siglos. Muchas personas de una clase social más baja se creen inferiores a las de una clase social más alta y se sienten avergonzadas frente a ellas, con dificultad para posicionarse. Esto se ha confun-

dido con la humildad, pero es una creencia en la inferioridad. Las personas que creen en la reencarnación no pueden
creer que pertenecen a una clase social más alta o más baja.
Deben comprender que están ahí, ciertamente por una disposición de su destino que apunta a una lección, una experiencia que los lleve a su crecimiento espiritual. En las sesiones de regresión comprobamos la relatividad de estas
condiciones, escuchando relatos de vidas vividas en familias
ricas, familias pobres, «cáscaras» blancas, «cáscaras» negras,
etcétera.

Cualquiera nacido en una familia rica debe preguntarse:
«¿Por qué?». Quien nació en una familia pobre, lo mismo.
Esto es parte de las ilusiones de las etiquetas y ser conscientes
de ello nos ayuda a disfrutar de una encarnación, ya que nos
hace no sentirnos superiores o inferiores, en función de los
aspectos materiales. Evidentemente, como la personalidad
es congénita, podemos encontrar en familias ricas personas
que se sienten inferiores, y en familias pobres, algunas que se
sienten superiores, mostrando lo que vinieron a sanar en esta encarnación actual.

Es muy hermoso encontrar personas de familias con alto
poder adquisitivo que son sencillas, humildes y entienden
que el verdadero valor de una persona está dentro de ellas, en
sus cualidades intrínsecas, y no en la ropa, en el coche, en la
cuenta bancaria, en las propiedades, todos ellos símbolos
materialistas ilusorios. También es muy bonito encontrar
personas de familias pobres, humildes, con dignidad, respeto propio, amor por su trabajo. Ciertamente, son espíritus
de alta promoción de conciencia, mientras que los ricos y

orgullosos, los inútiles y vanidosos, y los pobres que se creen inferiores siguen siendo espíritus que tienen mucho que aprender.

Siempre que encontremos citas sobre la humildad en libros espirituales y religiosos, no debemos confundirla con inferioridad, sumisión y humillación. Sólo a los señores del poder, a los que quieren dominar, les interesa asociar una cosa con otra, mientras que a los que de verdad anhelan la igualdad y la fraternidad, la humildad es una característica superior y la inferioridad es un testamento al engaño y la incomprensión.

LA RESIGNACIÓN

La resignación, por su asociación con la no acción, no luchar, no cambiar, se asocia históricamente con el acomodamiento, el conformismo, el «déjalo como está…». Entonces hablamos de resignación en el sentido de conformación, aceptación.

Los seres evolucionados, al encarnarse, tienen una rara cualidad, propia de su alta evolución de conciencia, que es la conformación, pero es necesario diferenciar bien la resignación de la conformación, pues pueden entenderse como opuestos. La persona que acepta una situación negativa y dañina no sufre, mientras quien dice resignarse sí lo hace; quienes aceptan que las personas encarnadas están en diferentes grados de evolución no se entristecen, no se lastiman por lo que les hacen, porque entienden que un bajo nivel evolutivo de alguien se refleja en sus actitudes, pero los que no lo aceptan lo padecen. De nada sirve resignarse y sufrir, porque no estará solucionando nada, ni siquiera el karma.

¿Una mujer que se resigna a su marido agresivo, autoritario, que la agrede, que la humilla, que la hiere, sufre, deprime, crea enfermedades en su cuerpo físico puede creer que esta actitud de resignación es correcta? ¿Y se le debe aconsejar que renuncie? Lo que debe hacer esta mujer es aceptar que su esposo es así, tratar de ayudarlo a cambiar, darle un ejemplo de cómo debe ser una persona, pero sin sufrir, sin dependencia económica, sin lastimarse, sin deprimirse, sin crear enfermedad. Y, después de un tiempo en el que se da cuenta de que él no va a cambiar, intenta ayudarlo de otra manera, quizás dándole la libertad para que, tal vez, por el dolor de la pérdida, por la soledad, tenga una oportunidad de cambiar, de evolucionar.

¿Qué pasa si no se aflige por la pérdida y/o no se corrige a sí mismo? Esto es enteramente de su responsabilidad, ya que cada uno es responsable de su encarnación, y si no rectifica su comportamiento, tendrá nuevas oportunidades de intentarlo, en esta o en otras encarnaciones, en el futuro. ¿Y la esposa, después de darle la libertad? Debe cuidar de su propia vida, ser independiente emocional y económicamente, evolucionar, crecer, trabajar duro, ayudar a los demás, tener una encarnación muy productiva, ser muy feliz, hasta que desencarne muy vieja, muy sabia, muy sana.

Otro ejemplo. ¿Una persona que nace en una familia pobre tiene una infancia llena de dificultades materiales, sin posibilidad de estudiar, debe resignarse a ser pobre, miserable, toda su vida o debe aceptar que en esta encarnación probablemente vino en esta condición a aprender una lección, tal vez trabajar en el orgullo, la vanidad, la acomodación, la resignación, y luego luchar para crecer, estudiar, esforzarse por evolucionar, trabajar duro, para ayudarse a sí misma y a los que le rodean?

Nacer pobre, sufrir y resignarse a ello, pasando toda una vida de pobreza, de sufrimiento, o bien de repugnancia, de marginación, no redimirá ningún karma, porque no será aprender la lección que esta situación pretendía crear. Sin embargo, si las condiciones sociales le hacen permanecer pobre toda su vida, pero no sufre por ello, encontrando alegría y placer en las cosas pequeñas, cultivando los valores morales, entonces estará obrando correctamente, aprovechando su encarnación.

Pasar por situaciones de sufrimiento y tratar de salir de él, con inteligencia, competencia, honestidad, sin acomodación, sin desesperación, sin rebelión es conformación, y supone evolución. Quedarse sufriendo es resignación y es inútil, pues es la misma forma equivocada de sentir y actuar, que ya se manifestó en pasadas encarnaciones. No debemos olvidar que traemos con nosotros, al reencarnar, la misma tendencia a interactuar con los hechos de la vida, por lo que los que sufren resignadamente ya lo hicieron antes, los que se rebelan y destruyen o se autodestruyen también lo hicieron en vidas pasadas, mientras que quien enfrenta la adversidad con fe, confianza y seguridad revela una forma de ser superior.

Así pues, no debemos sufrir, lastimarnos, destruirnos ante situaciones de aparente injusticia con nosotros- Tampoco debemos rebelarnos, desesperarnos, actuar con agresividad o violencia, porque no recordamos nuestras encarnaciones pasadas, lo que hicimos, lo que estamos atrayendo por la infalible Ley de Acción y Reacción. Es muy peligroso analizar nuestra infancia y sus roles secundarios, juzgar a un padre o a una madre por lo que nos hicieron o dejaron de hacer, porque no sabemos lo que fuimos, lo que les hicimos en otras vidas, y puede ser tan sólo una reacción del espíritu, que es nuestro padre o nuestra madre, inconscientemente, a nuestras acciones nefastas pasadas. Veo mucho de esto en sesiones de regresión, con relación a situaciones de pobreza, rechazo infantil, abuso físico o sexual, etc.

La palabra «resignación», citada en los libros espiritistas, debe entenderse como aceptación, debido a nuestra ignorancia de las encarnaciones pasadas. Porque, repito, permanecer en el sufrimiento años y años o toda la vida es un error, y no ayudará en términos de resolución de conflictos y karmas.

La lectura de un libro importante como la Biblia, por ejemplo, debe hacerse con cuidado, con una atenta subjetividad crítica, en muchos de sus pasajes. Leemos en San Mateo: «Bienaventurados los que lloran, porque ellos serán consolados. Bienaventurados los que tienen hambre y sed de justicia, porque serán saciados. Bienaventurados los que padecen persecución por causa de la justicia, porque de ellos es el Reino de los Cielos». ¿Podría un santo haber dicho eso? ¿No es más probable que esta afirmación fuera mal interpretada por quienes la oyeron de boca de Mateo, o manipulada o mal redactada por algún escriba de la época? ¿Ésta es una apología de la tristeza, el hambre, la miseria, la pobreza, el sufrimiento, la injusticia social, y es creíble que una persona que ha alcanzado el estatus de santo encuentre saludables estas situaciones, e incluso las defienda, como condiciones para entrar en el Reino de los Cielos?

Yo creo que los que lloran algún día serán consolados y los que tienen hambre y sed serán saciados, pero ¿por qué no lograr eso aquí? ¿Y por qué deben seguir así, por qué no intentan salir de esas situaciones con trabajo, esfuerzo, optimismo y alegría?

Creo que esta afirmación de Mateo debe interpretarse de la siguiente manera: Bienaventurados los que lloran, los que tienen hambre, los que son perseguidos, porque cuando lleguen al Astral ya no sentirán tristeza y sufrimiento, sino que necesitarán aprender para no sufrir más al reencarnar de nuevo. Necesitarán aprender que muchas veces, en una encarnación, pasamos por situaciones de miseria y sufrimiento como resultado de nuestras acciones en encarnaciones anteriores, pero debemos atravesarlas con una actitud positiva, para que nos sirva de lección y nos permitan crecer en nuestro amor, en nuestra moral, en nuestra ética, y no sufrir, o bien rebelarse y aprender poco.

La Biblia también dice, en San Lucas: «Vosotros que sois pobres sois bienaventurados, porque el Reino de los Cielos es para vosotros. Bienaventurados los que ahora tenéis hambre, porque seréis saciados. Tú que ahora lloras, eres feliz, porque te reirás». No puedo estar de acuerdo con esto. ¿Acaso el Reino de los Cielos es sólo para los pobres? ¿Y quién no es pobre? Y aquellos que tienen hambre, ¿deberían continuar teniendo hambre sólo para no sentir más hambre después de desencarnar? Y el que llora, ¿debe seguir llorando y llorando, no hacer sino llorar? No puedo creer que nuestros hermanos superiores den prioridad al llanto, llamando dicha al sufrimiento.

Creo que la afirmación de Lucas debe entenderse así: El que es pobre y no sufre, si no se deprime, no se humilla, no discrimina, no se rebaja, sino que se valora debidamente, se juzga por sus valores interiores, no se vuelve una persona infeliz, amargada, colérica, agresiva, no roba, no mata, etc. tendrá el consuelo de encontrar un buen lugar en el Astral donde sentirá paz. En cuanto a los que tienen hambre, seguramente algún día su hambre será satisfecha. Pero tratemos de hacer de este mundo un lugar más justo para vivir, busquemos la manera de acabar con la pobreza y la miseria, unámonos para transformar este lugar en el Reino de los Cielos cuanto antes.

Y continúa la Biblia, también en San Lucas: «Mas ¡ay de vosotros los ricos, porque tenéis vuestro consuelo en este mundo! ¡Ay de vosotros los que estáis saciados, porque tendréis hambre! ¡Ay de los que ahora reís, porque seréis reducidos a llanto y lágrimas!». ¿Significa eso, entonces, que todo rico es deshonesto, de mal carácter, bandido? ¿No podemos saciar nuestra hambre, no podemos comer una comida buena, rica, porque pasaremos hambre en el Astral? Y los ricos no pueden reír, ser felices, porque sufrirán, llorarán… ¿Qué quiere decir con que ser feliz está mal, que ser feliz es pecado? Comprendo que ser rico y ser egoísta, sólo pensar en uno mismo y en los suyos, e incluso fomentar, aumentar, la pobreza y el sufrimiento de los demás tendrá consecuencias futuras, después de la desencarnación en las zonas bajas del Astral o en futuras encarnaciones. La afirmación de Lucas puede ser así entendida: quien es rico y deshonesto se arrepentirá después por eso, quien sacie su hambre sin tener en cuenta el del otro recibirá eso mismo de la Ley de Retorno, quien ríe de manera egoísta, pensando tan sólo en su bienestar, en su diversión, en una vida fútil se arrepentirá de su futilidad, del tiempo que perdió.

La Ley de Acción y Reacción es inevitable. Estamos dentro de una estructura perfecta y armoniosa, que es Dios, y todo lo que hacemos vuelve a nosotros en la misma proporción. Un bien hecho regresa como un bien, un mal vuelve como un mal. Reencarnarse en una familia adinerada suele ser una gran prueba para un espíritu. Por eso es importante pensar en la reencarnación, experimentarla en nuestra vida cotidiana, para no caer en las trampas de la vida terrenal.

Considero la resignación como sinónimo de conformación y aceptación. Es un signo de sabiduría aceptar una situación traumática, un hecho desagradable, una infancia pobre, carencias, conflictos durante la vida. Comprender que estamos encarnados en un mundo todavía inferior e imperfecto y que aquí, muchas veces, nos suceden cosas malas, problemas afectivos, profesionales, financieros, pérdidas, fracasos, desgracias, catástrofes. Pero, a menudo, estos hechos están ahí para brindar oportunidades para nuestro crecimiento, aprendizaje y purificación. Pero sin sufrimiento o con poco sufrimiento, sin pasar toda la vida sufriendo. El espíritu aprende del sufrimiento y evoluciona con la alegría.

¿Y qué significa aceptar estos hechos? Es entender que encarnarse aquí, en un lugar de paso, de adquisiciones y relaciones temporales es estar sujeto a tener hoy, no tener mañana, ya sea un bien material, un gran amor, un ser amado, y que todo tiene un significado y una explicación, aunque muchas veces los acontecimientos desagradables nos parezcan injustos e inexplicables.

Realmente no hay pérdidas, porque nada es de nadie y, aun desde el punto de vista afectivo, un padre o una madre o un hijo nuestro que desencarna no los perdemos porque no murieron, sólo ascendieron al Astral y más tarde regresarán aquí. Generalmente, quien sufre demasiado por la «pérdida» de un ser querido está sufriendo más por sí mismo, su soledad, su dependencia, o su culpa, que por la persona que se fue, que muchas veces está ahí mismo en el Astral, no pudiendo gozar plenamente de la libertad, al recibir las emisiones mentales de los que se han quedado sufriendo en la Tierra.

Pero para que empecemos a aceptar las situaciones desagradables y conflictivas de nuestro mundo, es necesario que sepamos, estudiemos o al menos pensemos en lo que hemos venido a mejorar, o curar, en nosotros aquí, este tiempo. Por ejemplo, si tenemos que depurarnos de la ira y la agresividad y nos encontramos ante un hecho en el que afloran estas características nuestras, y creemos tener razón en nuestra indignación, la aceptación es razonar que, aunque tengamos razón, no debemos sentir el enfado y la agresividad, porque entonces no estaremos aportando la ansiada mejora o cura para estos defectos.

Son necesarios los hechos o personas que sacan a relucir la ira en una persona. ¿Cómo sabrá alguien que ha reencarnado para liberarse de la ira si no hay desencadenantes que la hagan aflorar? Por lo que debemos sublimar la manifestación de esta imperfección y aceptar que quién o qué nos provoca este sentimiento no es más importante que nuestra misión personal de evolución, dentro de una escala interna de valores, referida a nuestro yo superior. Evidentemente, si el ser encarnado está a cargo, creyendo que tiene razón, manifestará ira y agresión, en contra de las metas evolutivas anteriores a la reencarnación de su espíritu. El yo encarnado cree que «tiene razón» para estar enojado, mientras que el yo superior tiene la verdadera razón: querer liberarse de la ira.

Otro ejemplo. Una persona que ha reencarnado como mujer para mejorar o curar una tendencia al dolor y la depresión, que lleva consigo de sus encarnaciones pasadas. Ha estado herida y deprimida durante muchas encarnaciones, y nació con esta predisposición. Un día, después de años de devoción por su esposo, él le dice que ya no la ama y que está enamorado de otra mujer. Por supuesto que ella, heredera de una tendencia secular a sentirse herida y deprimida, reaccionará de esta manera, y lo hará creyendo que tiene motivos para sentirse así, después de todo, ella está sufriendo una injusticia y cualquiera en su situación sentiría lo mismo. Pero ¿qué piensa su yo superior de todo esto? Probablemente estará viendo esta «pérdida» e «injusticia» como otra oportunidad más para mejorar o sanar esa vieja tendencia a sufrir dolor y depresión! En otras palabras, se le presenta una gran situación para cumplir con su objetivo anterior a la reencarnación de liberarse de esas imperfecciones, y entonces, esta situación, aparentemente dura y cruel, ¡es una excelente oportunidad kármica para lograr lo que su espíritu vino a hacer aquí! Su marido, un «villano», pasa a ser una oportunidad para su conquista.

Pero para que entendamos las situaciones que nos suceden en la vida desde pequeños, nuestro yo inferior, que es como nos conocemos a nosotros mismos, debe estar alineado con los propósitos de nuestro yo superior, porque, de no ser así, el razonamiento y las acciones ante los hechos de la encarnación tenderán a ser equivocados, comúnmente repetitivos. Por lo general, vemos la vida de una manera; nuestro yo superior, de otra. Nosotros vemos las cosas horizontalmente, él las ve desde arriba. Recordamos sólo nuestra infancia, pero tenemos una historia milenaria de errores y aciertos.

Conformación, aceptación, con paz, con salud, sí; resignación, con sufrimiento, con enfermedad, no. Debemos mirar, de manera prioritaria, a lo que emerge de nuestro interior frente a los hechos de la vida y entender nuestra niñez y nuestra vida actual como la continuación de nuestra historia, regida por Leyes Divinas. Saber que estamos aquí, nuevamente, para encontrar nuestras imperfecciones y notar cuándo aparecen.

Así pues, cuando leemos en libros, textos, artículos, consejos sobre la resignación, debemos entenderla como una pauta para aceptar las cosas y las personas como son, conformándonos y buscando ser felices, estando en paz, manteniendo la serenidad, buscando la evolución, el crecimiento, el progreso y el éxito espiritual, y no vivir sufriendo, enfermando, muriendo en vida.

EL PERDÓN

Nosotros no podemos perdonar a alguien, sólo Dios puede hacerlo. Él es el perdón. Lo que sí podemos hacer es aceptar la acción que no nos gustó de una persona, identificar el sentimiento negativo hacia ella, cuidarnos y dejar el caso en manos de Dios.

Mucha gente dice que perdona, pero ésa es sólo una forma de hablar. El perdón para nosotros es una actitud de aceptación, pero, cuando creemos que perdonamos, estamos tomando la decisión de alejar en la medida de lo posible el objeto de nuestro enfado o dolor. Muchos dicen que han perdonado a su padre, madre, exesposo, exesposa, etc. para que eso no signifique una actitud negativa hacia esa persona, de crítica distante, de desprecio.

Generalmente, el deseo que tenemos es alejarnos de los que no nos gustan, de los que nos hicieron (o hacen) daño, para liberarnos. Ésta es la naturaleza humana. Pero la liberación, en relación con otra persona, está en la mente, en los pensamientos, y no en el espacio físico. Es la ira y el dolor lo que nos detiene, incluso si no vemos a menudo quién no nos gusta. Para realmente dejar ir a alguien, necesitamos sanar la ira y el dolor en nuestros pensamientos y sentimientos.

Algunas personas, en las consultas, preguntan por qué deberían perdonar a alguien, si esa persona fue mala, injusta, irresponsable, actuó de manera injusta, les hizo daño desde el punto de vista emocional o material, en fin, ¿para qué perdonar si esa persona no se lo merece? Después de dejar claro que no soy un experto en el tema, sólo un aprendiz en el ejercicio de este arte, trato de mostrar que todo depende de quién está viendo y examinando esa situación, ya sea su yo encarnado (persona) o su ser superior (yo espiritual).

El razonamiento de ambos es muy diferente, porque mientras el yo encarnado se aferra a los hechos de la vida actual, en conflictos de la infancia, en hechos recientes, generalmente basados en dicotomías como «me gusta o no me gusta», «no le gusto», «me hizo daño»…, su yo superior conoce la historia a menudo antigua de estos conflictos, que generalmente se prolongan encarnación tras encarnación, hace mucho tiempo, y sabe que lo más importante no es «me gusta o no me gusta», «lo que me hizo», «lo que me hace», sino la búsqueda de la evolución, del crecimiento espiritual, de cada una de las partes que están en disputa, que pasa por la mejora de nuestros pensamientos y sentimientos negativos hacia nuestros desafectos.

La purificación de nuestro espíritu, la mejora o curación de las negatividades en nuestros pensamientos y sentimientos es mucho más importante que lo que nos hizo o no nos hizo, que lo que nos hace o no nos hace. Los hechos son los hechos, pero lo fundamental es lo negativo que surge de nuestro interior frente a ellos. Nos reencarnamos para pasar por los hechos.

No debemos olvidar que, para sacar el máximo provecho de una encarnación, los hechos «negativos» son instrumentos para mostrarnos nuestras negatividades. Por ejemplo: si un padre fue malo y agresivo con un niño, es más que comprensible que este niño sienta enojo y dolor, después de todo, esto es lo que puede sentir de un padre que le hizo eso, nadie puede culparlo y obligarlo a que le guste ese padre, incluso argumentando que eso ya pasó, su padre es mayor, ha cambiado, etc. Desde el punto de vista de su ser encarnado, sentirse enojado y herido es correcto, es lo justo. ¡Cualquiera sentiría eso en su lugar!

Pero ¿qué piensa su yo superior al respecto? Como no es fácil escuchar sus consejos y orientación, podemos plantear algunas preguntas que nos permitan acceder a la información superior. Por ejemplo, preguntarnos: ¿por qué me reencarné como hijo de este padre? ¿Qué ha sucedido entre nosotros en encarnaciones anteriores, es decir, es la Ley del Retorno o acaso es la continuación de un antiguo conflicto entre «villano» y víctima? ¿Qué podría haber hecho por él antes, en otros momentos? ¿Soy tan perfecto que puedo creer que nunca lo lastimé en ninguna otra encarnación? ¿Qué venimos a mejorar él y yo en la encarnación actual?

Mientras que el yo encarnado de este espíritu que vino con la etiqueta de hijo cree firmemente que tiene motivos para sentir ira y resentimiento hacia el espíritu que tiene la etiqueta de padre, su yo superior plantea algunas cuestiones que merecen ser analizadas. En trabajos de meditación profunda, expansión de conciencia, sesiones de regresión..., se pueden encontrar explicaciones, pero, como aún son procedimientos poco utilizados, se puede partir de razonamientos teóricos que ayuden al yo encarnado a vislumbrar la forma correcta de pensar y actuar, escapando de la visión limitada, corta y horizontal que todos hemos utilizado durante la vida terrenal.

No nos acercamos a un padre y una madre con los que no tenemos nada que ver. Por el contrario, tendemos a acercarnos a espíritus encarnados con los que tenemos viejas relaciones, ya sea de afinidad positiva o de conflictos. Esto es inevitable, debido a los cordones energéticos que unen a las personas entre sí. Entonces, haber venido como «hijo» de ese «padre» malo y agresivo no ha sido una casualidad, una mala suerte, sino que probablemente esté sirviendo a un propósito.

Al menos, en teoría, este espíritu que vino como hijo necesita pensar en estas cuestiones para no desperdiciar su encarnación actual, basándose en los razonamientos limitados de su ser encarnado. Algunas situaciones pueden explicar este reencuentro:

1. Todo podría haber sido muy diferente en vidas pasadas, siendo la víctima actual el «villano» y el «villano» actual la víctima. Ésta es casi la regla cuando ambos son agresivos, enojados, violentos. Sugiero que cualquiera que esté enojado con uno de sus padres, y que también tenga tendencia a sentirse enojado e irritado, piense en lo que le pudo haber hecho a esa persona, en otras vidas, hace siglos, cuando, tal vez, incluso estaba más enojado y era más agresivo de lo que es hoy. Quién sabe, en lugar de hijo,

fue esposo, jefe, capataz, y ahora ha venido como hijo a curar la ira y armonizar.

2. Si es un espíritu tranquilo, apacible, quizás haya llegado a aprender a defenderse, a imponerse, a liberarse, claro, difícilmente en la niñez cuando se está a merced, pero luego, cuando crece y es capaz de ir y hacer su propia vida, de afirmar su personalidad. Una de las formas de mejorar una tendencia a la sumisión y a la no lucha es ser hijo de alguien autoritario y agresivo, que puede activar nuestro lado guerrero. ¿O es un espíritu superior que vino a ayudar a uno inferior a elevarse espiritualmente? Pero ¿lo está haciendo? ¿O está sufriendo toda la encarnación por esto?

Entonces tenemos que examinar la personalidad del espíritu que es «hijo». Si es débil y pasivo, probablemente llegó a aprender a ser fuerte, a liberarse, a luchar por sus derechos, a curarse de sentimientos de dolor y rechazo, es decir, se ha reencarnado en víctima y necesita liberarse de ese papel. Si es violento y agresivo, casi seguro que en otras ocasiones hizo cosas muy malas con quien, actualmente, tiene la etiqueta de padre o madre, y lo que se presenta allí es un intento de rescatar y armonizar entre ellos gracias a la Ley de Acción y Reacción, y una búsqueda de la evolución espiritual de ambos, que es la mejora, o cura, de la agresividad, la violencia y la dificultad de amar que presentan.

En cualquiera de las situaciones, ambos están allí para llevarse bien, armonizar y evolucionar espiritualmente. ¿Alguno de ellos está mejorando? ¿Se está curando el dolor y la pasividad o la violencia y la agresión congénitas? ¿Alguno de ellos está cumpliendo con sus objetivos previos a la reencarnación o continúa con sus antiguos comportamientos? Si está mejorando, ¿es mucho o poco?

Si el que está como padre no ha cambiado con la edad, no ha mejorado, sigue siendo violento, agresivo, envejece y no ha evolucionado, ¿qué debe hacer el que vino como hijo? Su yo encarnado le dice que sienta ira o dolor, que tiene razón, que su padre fue malo, lo golpeaba, lo lastimaba. ¿Por qué debería perdonarlo? Pero su yo superior le dice que sane su ira y su dolor, aunque tenga razón, o crea que la tiene, porque eso le hará alcanzar la evolución espiritual, que es el propósito principal de la encarnación.

Y luego tenemos la gran obra del espíritu encarnado: liberarse de sus imperfecciones, de sus pensamientos y sentimientos negativos, ¡aunque crea que tiene motivos para sentirlos! Si seguimos el consejo de nuestro yo inferior, siempre creeremos que tenemos razón. Está bien sentir ira, dolor, tristeza, resentimiento, etc., pero entonces, ¿cuándo nos vamos a liberar de estas negatividades?, ¿cuándo nos vamos a purificar? Por lo tanto, lo importante para el crecimiento espiritual no es creer que se tiene razón, sino purificarse.

Si el que vino como hijo presenta una personalidad pacífica, no agresiva, no debe pensar que en vidas pasadas le hizo mucho daño a ese padre y ahora lo está pagando, porque nuestra personalidad es congénita y somos como somos. Lo han sido durante siglos, es decir, el padre ha sido agresivo y violento en encarnaciones recientes y el hijo no. Entonces, ¿por qué vino el hijo de tal espíritu? Quizá para mejorar una vieja tendencia de tristeza, de pasividad, de dificultad para imponerse. ¿Y lo está consiguiendo? ¿Está mejorando estas características congénitas, ya que se reencarnó para tratar de evolucionar en ello, es decir, es ésta su misión personal? Y si lo está logrando, ¿es suficiente?

Pero en algunos casos, un niño pasivo puede ser un espíritu muy evolucionado que vino, autorizado por Dios, a ayudar a esa familia, a dar ejemplo a los espíritus menos evolucionados de que debemos ser cariñosos, respetarnos, ser realmente compañeros en este camino evolutivo. ¿Pero lo está ejercitando? ¿Ha estado actuando como un verdadero ángel guardián? ¿O cayó en la tristeza, la angustia, la victimización y se perdió en las trampas de la encarnación?

Si bien el perdón es un acto exclusivamente divino, la idea de perdonar es una forma efectiva de mejorar nuestros sentimientos negativos. Por eso es tan importante que queramos esto, porque estaremos logrando dos objetivos al mismo tiempo: colaboramos para que nuestro espíritu evolucione y estamos armonizando con otro espíritu, con quien tenemos un viejo conflicto.

¿Qué pasa si la otra persona no armoniza con nosotros, no evoluciona? Ésta es enteramente su responsabilidad, estará perdiendo el tiempo, no aprovechando una encarnación para lograr estos objetivos, y podemos tratar de aclarar su visión espiritual. Pero, cuando una de las partes mejora sus sentimientos hacia la otra, por la influencia energética positiva, una mejora comienza, paulatinamente, a darse también en los más resistentes y, poco a poco, se va procesando la armonización y, así, la evolución espiritual de ambos despega.

El pensamiento del perdón beneficia sobre todo a quien lo ejerce, y luego a quien lo recibe. Quien mantiene su ira, su dolor, creyendo que tiene motivos para sentirlos, estará dañando su espíritu, no logrando hacerlo evolucionar más por ser «correcto». Sé que no es fácil pensar así, y lo digo por experiencia propia, lo más fácil es alejarnos del objeto de nuestro enfado, de nuestro dolor, de no querer encontrarnos, llamarnos, convivir. Éste es un camino descarriado, propio de nuestros encarnados, ciegos y sordos, que hace perpetuar nuestras imperfecciones, perjudicando las metas prerreencarnatorias de nuestro espíritu.

Cuántas veces he escuchado relatos enojados sobre un padre o una madre agresivos. Y una persona triste criticando a un familiar deprimido. Ya he escuchado mucho en todos estos años de consultorio, en estas numerosas sesiones de regresión, he aprendido mucho de ello, por eso quiero aconsejar que cada uno esté atento a sus propias imperfecciones y trate de eliminarlas. Y siempre que alguien no nos quiera, nos trate mal, especialmente si es de nuestra familia, debemos preguntarnos el motivo. Si nosotros también albergamos poco amor en el corazón, si somos agresivos, ¿qué pudimos haber hecho por esta persona en otras encarnaciones que su inconsciente sabe y hace que no le gustemos? Y si no nos gusta alguien, ¿cómo podemos criticar o condenar cuando nos inspira tan poco amor? Quien siente ira necesita más amor en el corazón; quien siente tristeza y dolor necesita liberarse del egocentrismo que sufre; los que critican deben evaluar cuánto orgullo traen todavía.

Debemos mirarnos principalmente a nosotros mismos, a nuestro techo de cristal, porque ser reencarnacionista consiste en querer eliminar los propios defectos y no quedarnos enfocados en los de los demás. Cada yo encarnado debe cumplir su misión, que es ponerse al servicio de su yo superior en la búsqueda de la elevación espiritual. El pensamiento del perdón es un facilitador de ello. Estamos preparando nuestra próxima encarnación. ¿Ya has pensado en eso?

PERDONARSE A UNO MISMO

Solo Dios puede perdonar, pero podemos aceptarnos y decidir no volver a cometer errores. Así que hablemos de esta actitud de perdonarse a uno mismo.

En nuestro camino de evolución, de regreso a la Luz, es fundamental que nos liberemos de nuestras tinieblas e imperfecciones. Debemos liberarnos de todo lo que nos ata a ellas. La culpa por nuestras acciones pasadas o presentes son grilletes que nos mantienen atrapados en nuestros oscuros laberintos interiores. ¿Cuál es el punto de que alguien permanezca apegado a lo que hizo mal, o lo que no hizo, debería haber hecho, hace mucho tiempo? Lo mejor es reconocer que se ha equivocado, decirse a sí mismo que no se va a equivocar más, cuidarse que eso no suceda, y subir por su «pasillo» interno, que conduce allá arriba, donde hay más claridad y está más aireado.

Evidentemente, necesitamos ser conscientes de las personas a las que hemos perjudicado e intensificar un proceso de reconciliación y armonización con ellas, reparando nuestros errores, haciendo posible que todo esté en su lugar. La culpa y los reproches no conducen a ninguna parte, damos vueltas alrededor de nosotros mismos, sumergiéndonos más y más en la oscuridad. Debemos perdonarnos para que seamos personas más evolucionadas y puras, mejores con nosotros mismos y con los demás, sobre todo con aquellos que tienen o han tenido conflictos, porque ahí es donde podemos ejercer la ascensión espiritual.

Muchas personas permanecen atrapadas en su pasado, martirizándose, culpándose, arrepintiéndose de lo que hicieron y de lo que no hicieron, pero ¿y el presente? Sólo podemos cambiar el presente. ¿Y el futuro? Es la continuación del presente.

Una encarnación es como una escuela en la que venimos a aprender a ser buenos discípulos, a ser buenos con nosotros mismos y con los demás, para iluminarnos a nosotros mismos y a los demás, hasta que, un día, ascendamos al nivel evolutivo de los maestros y así pasamos a servir de ejemplo a nuestros hermanos de camino.

Aferrarse a la culpa, la angustia, el autocastigo es una pérdida de tiempo. Sólo provoca enfermedades mentales, depresión, cáncer, reumatismo y otras enfermedades autodestructivas. Lo correcto es mirar hacia arriba y hacia delante, acceder a los guías espirituales y aprender de ellos para salvarnos, ascender, trascender nuestras limitaciones, y con ello elevar nuestra frecuencia vibratoria, que nos permita tener un mayor nivel de conciencia.

El Dr. Bach (creador de la terapia floral) dice: «La mayor lección de vida que se puede aprender es la libertad de las circunstancias, del entorno, de otras personalidades y, para muchos de nosotros, nuestra propia libertad , porque, aun siendo libres, somos incapaces de dar y servir completamente a nuestros hermanos». ¿Es libre una persona atrapada en sus cavilaciones culpables? Si logra perdonarse y aprender de sus errores, será libre para crecer, evolucionar, elevarse a la Luz. De lo contrario, estará reforzando su propia oscuridad y podrá atraer enfermedades derivadas de esta postura. El propio Jesús aconsejó a María Magdalena: «¡Vete y no peques más!».

Sólo Dios puede perdonarnos, pero nosotros podemos perdonarnos a nosotros mismos en nuestros pensamientos y sentimientos, desde el corazón, en una actitud compatible con nuestro ser espiritual. Nadie, excepto nosotros mismos, puede eliminar nuestros «pecados» en un verdadero cambio de dirección, en una actitud de ascensión, en una priorización de nuestra esencia espiritual.

Si alguien me hiciera mal, ¿puedo perdonarlo? Sí, en mi pensamiento. El que tiene que perdonarse a sí mismo, para liberarse, es él mismo, no yo. No hay perdones externos, absoluciones, redenciones, porque lo que hicimos mal son energías negativas que quedan adheridas a nosotros y, por tanto, sólo nosotros podemos eliminarlas. Para eso está la Ley del Retorno. Es un error creer que supuestos intermediarios de Dios tienen el poder y la autorización para redimirnos de los pecados, a lo sumo pueden liberarse de los suyos.

Cuando era más joven, cometí errores muchas veces y cometí actos que por nada del mundo cometería hoy. Durante mucho tiempo me martiricé con el sufrimiento que causé a algunas personas que, por lo que veo, no se lo merecían. Desde hace algunos años he iniciado un sano proceso de acercamiento y reconciliación con estas personas, al mismo tiempo que comencé a observarme mejor para no repetir esos errores. Decidí perdonarme y no cometer más errores y, con eso, fui perfeccionando mi espíritu y armonizando con esos espíritus, para que cuando nos encontremos, nuestra convivencia sea mucho mejor y, cuando nos volvamos a encontrar en futuras encarnaciones, nuestra relación será mucho mejor de lo que hubiera sido.

¡Atiendo personas que se culpan a sí mismas por lo que hicieron o dejaron de hace 20 o 30 años! ¿Qué utilidad tiene eso? Es una especie de rumiación mental, un egocentrismo punitivo que les deja menos tiempo para pensar en cosas mejores y en los demás. Muchas veces, al hacer una regresión sobre culpables, se encuentran encarnaciones pasadas en las que cometieron errores y, luego, se reencarnaron con una tendencia a culparse a sí mismos a partir de una culpa en su inconsciente. Muchas veces un paciente sólo mejora del sentimiento de culpa después de dejar ir un hecho culposo de otra encarnación.

Es como cualquier síntoma que presenta una persona: si es muy intenso, probablemente haya situaciones de otras encarnaciones a las que esté sintonizado, como si todavía estuviera allí, que se suman a hechos similares de la encarnación actual.

Con la desconexión de estos hechos pasados, la persona mejora mucho del síntoma y siempre asocio las esencias florales por unos meses. Para la culpa, tenemos el pino del Dr. Bach; cuando es una culpa de otra encarnación, el hisopo. Esta investigación y tratamiento del inconsciente es un avance en el arte de curar que empieza a asentarse en las áreas médica, psicológica y psicoterapéutica.

El perdón a uno mismo es una buena manera de liberarnos del egocentrismo y dirigir mejor nuestra energía amorosa hacia los demás.

NUESTROS MODELOS

Nuestro mundo, todavía tan imperfecto y enredado, creó un sistema de creencias vacío y superficial, basado en los valores de las «cáscaras» y sus necesidades equivocadas y, con ello, surgieron modelos egoicos, símbolos de futilidad inmediatista. Adorar a actores, cantantes, deportistas y modelos, por ejemplo, sin un análisis profundo y veraz del mensaje que transmiten, es idolatría. Creemos que estas personas son superiores porque disfrutan de una mejor situación que el resto de los mortales, que algunos disfrutan mucho de la vida porque viven en grandes casas, tienen coches importados, viajan mucho, se hospedan en los mejores hoteles, siempre salen en los periódicos, la radio, la televisión, rodeados de legiones de fans, firmando autógrafos…

Pero ¿en qué se basa este culto? ¿Desde qué óptica estos superhéroes ocupan ese altar? ¿por qué una anónima auxiliar de enfermería en un pequeño hospital no es blanco de adoración? ¿Por qué no goza de la misma fama una persona que dedica sus días a hacer obras de caridad, en actividades asistenciales, que ayuda a cocinar la sopa para los pobres, que borda y cose para los niños necesitados?

La gente adora a quien envidia, a quien codicia el lugar, la posición, la compañía, el cariño. Así, multitudes de fanáticos de los ídolos terrenales son muchas veces movidas por una visión superficial del propósito de la encarnación, hasta el punto de creer que ser cantante, actor, deportista o modelo es más importante que otras actividades, sin darse cuenta de que lo fundamental es el mensaje, es lo que revierte la postura en beneficio de los demás, lo que ayuda al desarrollo de los verdaderos principios (el amor, la moral y la ética) y no la apología de los falsos valores (el culto al ego, el materialismo) que, por el contrario, perpetúan la futilidad y, con ella, la injusticia social y la ignorancia.

No soy tan ingenuo como para creer que esta visión cambiará a corto plazo, al contrario, creo que es acorde con el grado de evolución de la humanidad encarnada. Todo lo que se manifiesta en nuestro mundo es compatible con nuestro estado de conciencia. Sin embargo, creo que, poco a poco, empezaremos a venerar a las personas más por sus valores internos y su acción social y cultural positiva que por su apariencia, fama o fortuna. Pero esto sucederá gradualmente y no podemos esperar resultados inmediatos. Por el contrario, se necesitarán algunos siglos para alcanzar un nivel superior de evaluación de los verdaderos valores a admirar.

A veces he escuchado decir que soy un utópico y que imagino un mundo inexistente. No estoy de acuerdo: soy un utópico, pero un realista optimista, y creo que, con el tiempo, la vida en este planeta será como la imagino. Nuestro trabajo es colaborar en ello, pero sin la angustia de la prisa inmediata y, sobre todo, sin el descreimiento de la no realización a corto plazo.

En esta visión, ¿a quiénes veo como verdaderos modelos a seguir? A menudo pienso en los maestros y trato de comprender sus características de personalidad, su forma de pensar, sentir y actuar. También, de vez en cuando, me comparo con ellos y me doy cuenta de lo que ellos tienen que yo no tengo, y de lo que tengo yo que ellos ya no tienen. En términos prácticos funciona así: ¿cuáles son mis imperfecciones, mis impurezas, que me diferencian de los seres superiores?

Desde el razonamiento de que debemos alcanzar un estado de perfección que nos permita no necesitar pasar más por un plano terrenal, es necesario que seamos conscientes de que cualquier imperfección e impureza que todavía presentemos debe ser corregida. Muchas personas están aquí para curarse de gravísimas inferioridades, otras para librarse de algunas menos graves, y aún otras para limpiarse de pequeñas inferioridades. Todas tienen la misión de purificarse.

Pero el trabajo es el mismo, por supuesto, cuanto más evolucionada es la persona, más fácil, y cuanto menos evolucionada, más difícil. Lidiar con una tendencia a la deshonestidad es más complicado que lidiar con una tendencia al miedo y la timidez; lidiar con el orgullo y la vanidad es más difícil que con la sumisión y la incapacidad, pero, al final, cada uno tiene su trabajo que hacer y debe aprender a enfrentarlo. Ésta es la misión individual, y en cada uno de nosotros es diferente. Todos los espíritus se reencarnan para evolucionar, cada uno en sus imperfecciones, en un trabajo que deben realizar las «cáscaras», y ahí radica el sentido de la vida. Durante milenios, e incluso hoy, los filósofos han buscado el sentido de la vida, y basta entender la reencarnación para encontrarlo. ¡La dirección es hacia delante!

Entonces, hablemos un poco sobre los «defectos» y los «defectitos». Debido a nuestra herencia católica-judía, estamos acostumbrados a pensar que los defectos son sólo actos que afectan negativamente a los demás. Muchos incluso creen que Dios los castigará por ello. La justicia divina se hace a través de la Ley del Retorno.

Es evidente que no debemos cometer ningún acto que perjudique a alguien, no por temor al castigo sino por una postura ética y moral, que aborta cualquier signo de exteriorización de tal acción negativa.

Los llamados «pecados» siempre se han basado en lo que no podemos hacer negativamente a los demás, son los «defectos», como robar, engañar, mentir, traicionar, engañar, matar, etc. Tales acciones son dañinas para quienes las sufren, pero aún más para quienes las practican y, por lo tanto, son contraproducentes. Quien lo haga estará bajando su frecuencia vibratoria, retrasando su evolución espiritual y su liberación de este planeta. ¿Acaso vale la pena?

Pero hay ciertas características de personalidad que no son consideradas «pecados», no son condenadas por la sociedad, y que yo llamo «defectos». Sin embargo, éstos también nos atan al plano terrenal por ser atributos inferiores, propios de nuestro bajo grado de evolución. Me refiero a los rasgos inherentes a la mayoría de nosotros (timidez, miedo, dolor, depresión, introspección, mal humor, pereza, irritación, impaciencia, preocupación, autoritarismo, crítica, orgullo…).

Pensando en nuestros modelos, comparándonos con ellos, ¿podemos imaginar a un maestro que tenga alguno de estos rasgos de personalidad? Cuando planteo este tema en las conferencias, el público siempre reacciona con risas y comentarios, piensan que es absurdo pensar en tal cosa. Entonces, si nuestro espíritu va en busca de la perfección y la maestría, para algún día alcanzar el nivel de los maestros espirituales, debemos ponernos como meta ayudar a nuestro espíritu a liberarse de todas las imperfecciones e impurezas de las que los seres superiores, en su evolución, ya se han liberado.

Entonces, aunque las características enumeradas antes no son «defectos», nos obstaculizan y nos colocan por debajo del nivel evolutivo de nuestros verdaderos ídolos, por lo que debemos eliminarlos. Estamos en el lugar correcto para curarnos de ellos, pues es ahí donde surgen.

Las personas que sufren, por ejemplo, de miedo y timidez, suelen ser hipersensibles y les cuesta mucho lidiar con este mundo, con la violencia, la agresividad y la competitividad imperante.

Probablemente vinieron a aprender a tratar con estos temas terrenales, evidentemente no para volverse agresivos y violentos, sino para desarrollar una postura de fortaleza y valentía frente a tales desafíos y, también, para colaborar en la implantación de la sensibilidad y dulzura en este lugar. Pero ¿están alcanzando estas metas, o se han encerrado en sus caparazones, con miedo, inhibición, retraimiento, poca acción e, incluso muchas veces, con sumisión, depresión, ganas de morir?

Es fundamental separar dos aspectos: por un lado, los hechos de la encarnación, desde la niñez, y por otro, nuestra forma congénita de sentir y reaccionar ante ellos. Los hechos son los hechos, pero lo que sale de nuestro interior es nuestro, nació con nosotros. A menudo me preguntan cómo diferenciar lo que ya ha venido en nuestro espíritu de lo que se ha originado ahora, y esto se aplica tanto a las características negativas como a las positivas. Es fácil diferenciarlos: por la intensidad. Lo que es nuestro desde hace mucho tiempo se manifiesta con mucha fuerza, por ejemplo, una gran tendencia a la ira, el autoritarismo, la agresión, la autodestrucción, el dolor, la tristeza, la depresión, el miedo, la timidez… Aunque tengamos explicaciones convincentes para ser así, en nuestra infancia o durante la vida, debido a la intensidad de estos síntomas, ellos son nuestros viejos compañeros.

Cualquier rasgo de personalidad sobresaliente que aparece desde la niñez es antiguo. Una tendencia a la ira, la agresión, el dolor, la tristeza, la timidez, etc., originada en esta vida y nunca muy fuerte, muy dramática, aunque los hechos sean muy propicios para ello. Es como un vaso que, cuanto más lleno está de un sentimiento o característica negativa, menos necesita un agregado, en la niñez o en el curso de la encarnación, para rebosar. Por lo tanto, el síntoma fuerte es antiguo. Por lo general, lleva entre nosotros siglos, muchas encarnaciones; mientras que el síntoma de baja intensidad puede ser antiguo, en fase de curación, o nuevo, comenzando ahora.

¿Cuándo decidimos que un ser superior nos sirva de modelo? Entonces comenzamos a cuidar nuestros pensamientos, sentimientos y acciones, para que se parezcan tanto como él lo hubiera hecho en la misma situación. Una reacción negativa nuestra ante un determinado hecho trasciende el razonamiento de que creemos que es correcto, y debemos preguntarnos: ¿cómo se sentiría y reaccionaría nuestro modelo ante eso?

Cuando hablo de esto en las conferencias, algunas personas replican que no son maestros y, por lo tanto, no son perfectos, no siempre pueden hacerlo bien, evitar caer en la tentación, cometer imprudencias y manifestar acciones perjudiciales para ellos mismos o los demás. Yo les digo que todavía no puedo hacerlo, por eso están frente a nosotros, por eso ellos son maestros y nosotros discípulos.

Todos estamos en este camino hacia la perfección. Lograr este objetivo depende principalmente de nuestra valentía para enfrentarnos a nosotros mismos sin parcialidad, detectar las imperfecciones y dedicar los pasajes de nuestro espíritu en la Tierra para sanar de ellas.

Algunas personas quieren ser muy ricas, otras quieren fama, muchas quieren dominar a otras personas, etc. No pueden, pero están equivocadas en su razonamiento, porque podrían usar su gran poder y energía para obtener conquistas internas y no externas, apuntar a ventajas permanentes y no temporales. Todo lo externo quedará aquí cuando nos vayamos, y todos nuestros esfuerzos deben estar dirigidos al crecimiento espiritual, una adquisición interna, y nuestra contribución al crecimiento interno de nuestros hermanos en el camino.

Muchas personas se pierden en el dolor y la tristeza, la falta de fuerza, falta de coraje. Para solucionarlo, deben desarrollar una mayor responsabilidad en relación con su espíritu, entendiendo el papel que desempeñan como agente oportunista de la evolución en la encarnación actual. Las personas que los lastimaron o que los lastiman pasarán, las etiquetas pasarán, todo aquí es pasajero. ¿Qué sentido tiene reencarnarse para actuar así? ¿Cuántas están equivocadas y no se dan cuenta?

LOS DEFECTOS

Ya he hablado sobre los «defectos» y los «defectitos». Todas nuestras inferioridades deben ser eliminadas gradualmente, hasta el día en que seamos puros y podamos vivir en el plano Astral. Para eso tenemos cientos o miles de encarnaciones. Para facilitar esta misión, conviene tener un mentor espiritual y tratar de ser como él, es decir, ver qué tiene él que nosotros no tenemos, y qué tenemos nosotros, en defectos, que él no tiene. Hacer una lista de lo que debemos purificar en nosotros mismos, ser conscientes en nuestro diario vivir para cuando surja alguno de estos defectos y, aunque tengamos razón para exteriorizarlo, no dejar que se manifieste, y sublimarlo, transmutándolo en su cualidad positiva opuesta. La persona o situación que nos lleva a una inferioridad, en realidad, nos está beneficiando, pero rara vez nos damos cuenta. Tenemos una actitud infantil basada en lo que nos gusta o no nos gusta.

Así que hagamos una breve lista de los defectos más frecuentes, no sólo los que dañan a los demás, como preconizan las religiones punitivas (las fundadas en el Dios que castiga y el Diablo que atrapa), sino también los defectos que nos perjudican.

Veamos los más comunes. Marca con un lápiz los que identificas o anota los que no están en la lista:

1. Egoísmo (el defecto básico)
2. Tristeza
3. Pena
4. Resentimiento
5. Depresión
6. Miedo
7. Sumisión
8. Timidez
9. Acomodación
10. Falta de motivación
11. Indecisión
12. Dependencia
13. Culpa
14. Crítica
15. Ira
16. Orgullo
17. Autoritarismo
18. Agresividad
19. Impaciencia
20. Celos
21. Posesión
22. Envidia
23. Intriga
24. Calumnia
25. Competitividad
26. Materialismo

27. No ser cariñoso
28. Comer demasiado
29. Ver demasiada televisión
30. Pasar fines de semana inútiles
31. Hablar demasiado
32. Decir palabrotas
33. Alcoholismo
34. Fumar
35. Adicción a las drogas
36. Robar
37. Mentir
38. Engañar a otros
39. Manipular
40. Azotar a los niños
41. Ser racista
42. Hipersexualidad
43. Sentir nostalgia en exceso
44. No cuidar de la alimentación
45. No cuidar de la higiene personal
46. Exceso de intelectualismo
47. Autodestructividad
48. Conducir irresponsablemente
49. Pelear
50. Herir a alguien
51. Matar
52. Atacar a otros verbalmente
53. Agredir a otros con pensamientos
54. Insomnio
55. Ansiedad

56. Angustia
57. Sentirse solo
58. Aislamiento
59. Reír demasiado
60. Rinitis (rechazo y abandono)
61. Asma (disritmia entre el interior y el exterior)
62. Gastritis (posesión y/o dependencia afectiva)
63. Úlcera (autodestructividad; hara-kiri)
64. Migraña (pensar demasiado)
65. Enfermedad cardíaca (ira y/o tristeza)
66. Picazón en el cuerpo (ansiedad)
67. Reumatismo (dolor y/o ira)
68. Esclerosis cerebral (rigidez)
69. Hemorragia cerebral (la secuela muestra la intención)
70. Cistitis crónica (dolor de corazón crónico)
71. Flujo vaginal crónico (demasiada o muy poca sexualidad)
72. Fibromas uterinos (problemas maternos y/o sexuales)
73. Quiste ovárico (conflicto de procreación)
74. Enfermedad testicular (demasiada o muy poca sexualidad)
75. Anorgasmia (dificultad en el parto)
76. Impotencia sexual (impotencia personal)
77. Eyaculación precoz (dificultades en la entrega e inseguridad)
78. Estreñimiento (sentimientos reprimidos)
79. Diarrea (limpieza de suciedad emocional y alimentaria)
80. Gripe recurrente (limpieza de la tristeza)

81. Neumonía recurrente (tristeza, abandono)
82. Anemia (dificultad para asentarse)
83. Leucemia (autodestructividad)
84. Diabetes (victimización y amargura)
85. Cáncer (tristeza, ira, autodestrucción)
86. Enfermedad renal (miedo)
87. Dificultad para concentrarse (poca presencia)
88. Dificultades de memoria (superficialidad)
89. Senilidad temprana (retirada)
90. Enfermedad de parkinson (rigidez, indecisión)
91. Enfermedad de alzheimer (desligamiento)
92. Neurosis (mala adaptación a la vida terrenal)
93. Psicosis (dificultad con la vida terrenal, obsesión espiritual, resonancias de vidas pasadas)
94. Obsesión (egocentrismo, falta de apoyo)
95. Manía con la limpieza (mala adaptación a la tierra)
96. Manía por la suciedad (culpa)
97. Estar desorganizado (desorganización interna)
98. Pereza (irresponsabilidad con la encarnación)
99. Intenta hacer menos de lo que debería (pequeña ambición de evolución)
100. Ambicionar ser rico

Muchas personas pueden sorprenderse al descubrir en sí mismas características que en nuestra sociedad no se consideran defectos, como, por ejemplo, ver demasiada televisión y pasar los fines de semana inútilmente. Éstos son hábitos tan comunes que la gente los considera normales. Pero las personas que entienden lo que es una encarnación, para qué vinimos a la Tierra y que se preocupan por aprovechar este pasaje, para evolucionar al máximo y contribuir con sus hermanos de manera eficaz, se dan cuenta de estas trampas terrenales y permanecen atentas para escapar de ellas. Nuestra sociedad se basa en el pasatiempo y no en el uso del tiempo.

La televisión podría ser un instrumento de gran ayuda para la evolución de conciencia de las personas, pero lamentablemente está al servicio de la pérdida de tiempo y la intoxicación psíquica con su obsesión por las escenas de violencia, sexo y vulgaridades. Es una gran irresponsabilidad permitir que nuestros hijos, desde una temprana edad, pasen horas frente a estos instrumentos de degradación moral. Y los adultos que ya están robotizados, que han matado su creatividad, que no se les ocurre nada mejor que hacer que sentarse a pasar horas y horas frente al televisor deberían corregir esta actitud con la mayor urgencia posible, y buscar una vida más sana, más enriquecedora, más favorable a la evolución, como leer buenos libros, meditar, hablar de temas más profundos, y tantas otras actividades más saludables para el espíritu.

El foco principal de la sociedad humana sigue siendo la afición y la irresponsabilidad, lo que hace que muchas personas vivan su vida como una sucesión de días, sin grandes metas y objetivos, sin la noción de un camino de evolución, de crecimiento.

Pero aquellos que saben que no están aquí de paseo, que no deben perder el tiempo con lo que no les agrega valor aprovechan su tiempo de una manera más profunda y constructiva, ya sea enriqueciéndose intelectualmente, subjetivamente y espiritualmente, y colaborando con sus hermanos y hermanas.

En esta lista de «defectos», la mayoría pueden considerarse «defectitos», características comunes al ser humano, tan comunes que ni siquiera parecen defectos... Pero, como decía antes, todo lo que no encaja en el papel de la perfección es imperfección y debe ser corregido. Los maestros ya no tienen ninguna de estas inferioridades, por lo que nos enseñan a eliminar las que todavía tenemos.

Las enfermedades físicas son el resultado de nuestros malos pensamientos, sentimientos y acciones, por eso he añadido algunas de ellas en esta lista. La medicina tradicional, la alopatía, acaba de empezar a tratar esto, pero sólo teóricamente, no en su acción terapéutica, porque las medicinas químicas sólo llegan al cuerpo físico, pero no el origen de las enfermedades, sólo su repercusión física (la somatización). Cualquiera que padezca alguna enfermedad leve o grave debe intentar comprender qué es lo que la provoca. La respuesta se encontrará en las características de su personalidad y en su forma de sentir y reaccionar ante la vida terrenal. Lo que se llama «enfermedad» no es más que la repercusión, en el cuerpo físico, de desequilibrios en los chakras (centros energéticos), íntimamente ligados a lo que pensamos y sentimos.

Los terapeutas que se ocupan de las medicinas energéticas consideran las enfermedades del cuerpo físico desde un punto de vista integral. La rinitis y el asma, por ejemplo, no son difíciles de curar siempre y cuando el foco esté en la persona y no en la nariz y los bronquios. La artritis también se ve muy beneficiada por el abordaje terapéutico holístico, con el abordaje, por lo general, del dolor o la ira, que origina el bloqueo energético que provoca el dolor y la inflamación. La enfermedad cardíaca, que afecta el centro del amor y el desamor, es consecuencia de la tristeza, el sentimiento de rechazo y abandono, así como la ira y el odio que muchas personas sienten hacia los demás, culpándolos de sus desgracias.

Las enfermedades renales provienen del miedo, la vejiga retiene el dolor, en el estómago almacenamos nuestros deseos de posesión y dependencia, en los intestinos se acumulan los sentimientos negativos no expresados, en las afecciones oculares se revela nuestra forma equivocada de ver la realidad, en la piel, nuestro contacto conflictivo con la realidad...

En las crisis agudas de emergencia, como el infarto de miocardio y la hemorragia cerebral (el popular «derrame»), se escucha el grito desesperado de alguien que no quiere quedarse aquí, no puede más, está cansado de sufrir, quiere descansar. El cáncer es una forma más lenta de tratar de desaparecer, y el lugar del cuerpo donde aparece y el órgano que golpea contienen el mensaje de su postura equivocada.

La medicina del cuerpo físico reina en las urgencias, tanto que en el futuro sólo se utilizará allí, aunque muy bien asesorada por la homeopatía, la terapia floral, la acupuntura, el reiki y demás representantes de las medicinas vibracionales.

Pero lo que se esconde detrás de cualquier enfermedad es el egoísmo o su variante menor: el egocentrismo. Todo enfermo experimenta dolor, miedo, desconfianza, abandono, tristeza, soledad, pérdida, ira, orgullo herido, irritabilidad, impaciencia, triste infancia, etc. Es una actitud del yo, yo, yo, yo... La sanación del ser humano, como dice el Dr. Edward Bach, la trascendencia, pasa por la liberación de uno mismo, y esto se puede lograr cuando llegamos a entender, que no somos nuestro «caparazón», sino el espíritu que se esconde dentro de él.

La psicoterapia reencarnacionista vino a colaborar con esta concepción, aliándose en la Tierra con el esfuerzo de nuestros hermanos más evolucionados del plano Astral, que aquí están tratando de acelerar nuestra evolución. Porque por nosotros mismos evolucionamos muy lentamente. Y hay que tomarlo con calma...

Os doy las gracias a todos los que me habéis acompañado hasta aquí, y os deseo una feliz encarnación, con éxito espiritual.

Al menos una vez al mes, analiza los defectos que identificas como tuyos y reflexiona sobre cómo están. Cuando uno de ellos desaparezca, puedes borrar la marca que hiciste (por eso te he pedido que lo marcaras con lápiz).

¡Y vamos a aprovechar este pasaje!

RAZONAMIENTO Y CONTRARRAZONAMIENTO

Después de 20 años trabajando con psicoterapia reencarnacionista, escuchando las historias de vida e infancias de miles de personas, historias impregnadas de angustia, sentimientos de rechazo, ira, crítica, miedo, inseguridad, etc., puedo decir que todas son reales, pero son las historias como nuestra persona las lee, tal como interpretábamos cuando éramos niños los cuentos que seguimos leyendo de adolescentes, adultos o mayores. Son las interpretaciones de nuestro ego, la forma limitada en que nos vemos a nosotros mismos y a los demás, incluyendo a nuestra familia y otras personas que entran o pasan por nuestra vida.

Cada uno de nosotros, desde la infancia, aprende que es una persona determinada, de una familia determinada, de un género determinado, de un color de piel determinado, de un lugar, de un país, etc., y pasa toda su vida creyendo en esto, principalmente porque todos los demás también creen eso sobre ellos mismos, y todos los terapeutas a los que vamos lo creen y, por lo tanto, no tienen dudas sobre sus pacientes.

Pero lo que no recuerdan casi todas las personas, incluso las que creen en la reencarnación, es que si piensan en el tiempo antes de su fecundación, su vida gestacional, dónde estuvieron, quiénes fueron, allá arriba, en el plano Astral, cuando no era una persona, no era de ninguna familia, de ningún género, no tenía color de piel (de hecho, ni siquiera tenía piel...), no era de un lugar determinado , un determinado país, etc., es decir, si pensamos todos en dónde estábamos un año antes de nuestra fecundación, recordaremos que fuimos un espíritu, en el mundo espiritual, en el llamado período entre vidas, provenientes de una encarnación anterior a ésta, preparándonos para regresar a la Tierra, para encarnar nuevamente, para continuar nuestro camino kármico de regreso a la Luz, a la Perfección, al Uno, al Todo.

Y si no fuéramos nada de lo que creemos que somos, cómo nos conocemos y nos vemos a nosotros mismos, y cómo conocemos y vemos a los demás, el razonamiento consiguiente es que estamos inmersos en lo que los orientales llaman Maya, la ilusión. ¿Qué es eso? Quiere decir que todo es real, pero es temporal, es cierto, pero es fugaz, parece permanente, pero es impermanente. Ahora bien, si es temporal, si es fugaz, si es impermanente, entonces no puede ser real y verdadero y entonces es, podemos decir, una realidad ilusoria o una ilusión aparentemente verdadera.

Todas las personas que creen en la reencarnación lo saben, pero no lo recuerdan con la profundidad y frecuencia que el tema merece. ¿Y por qué merece este tema un estudio más profundo y más atención de la que habitualmente se le dedica? Porque eso es lo que llamamos en psicoterapia reencarnacionista razonamiento *y* contrarrazonamiento, es decir, razonamiento no reencarnacionista sobre nosotros, nuestra vida, nuestra infancia y las demás personas que forman parte de ella, incluyendo nuestra familia de origen y las demás personas, y el razonamiento reencarnacionista de todo ello, totalmente opuesto en su visión y enfoque, su interpretación y resultado.

Por ejemplo: una persona acude a la primera consulta para iniciar un tratamiento de psicoterapia reencarnacionista, que consiste en consultas y sesiones de regresión, las cuales tienen como finalidad ayudar a las personas a saber para qué se reencarnaron, cuál es su propuesta de reforma interior y cómo disfrutan esta encarnación en este sentido, lo cual les aporta más evolución espiritual y la muy grata sensación de realización después de que desencarnen y regresen a casa. Esta persona nos habla de sí misma, de su vida, nos cuenta lo que le molesta, sus conflictos. Muchas veces nos habla de su infancia, y escuchamos su historia, que es lo que llamamos «la historia ilusoria de un personaje». Ella no nos está contando la verdadera historia de su espíritu, sino que nos relata lo que sabe de sí misma y de todo lo demás, al leer su infancia, cómo lee su vida actual, cómo ve a las personas que le rodean, cómo siente e interpreta todo esto, y normalmente el relato está impregnado de dolor, sentimientos de rechazo, rabia, etc. Muy a menudo, esta persona ha consultado con otros profesionales, ha contado esta historia muchas veces, tanto a ellos como a amigos, familiares. Todos escuchan y analizan su historia exactamente igual que la explica: como algo real y verdadero.

Pero es ilusorio... ¿Qué tan ilusorio? Basta con acudir al primer año antes de su fecundación y recordar quién era, dónde estaba, por qué su espíritu necesitaba esa infancia, esa familia, ese padre, esa madre, esos hermanos o si era hijo único, por qué vino el mayor, o el segundo, o el tercero, o el menor, porque ha de ser hombre o mujer, guapo o feo, blanco o negro, rico o pobre...

Si todos hacemos este ejercicio de imaginación, como mínimo, empezaremos a preguntarnos por qué. A partir de ahí, nuestro razonamiento, hasta ahora vigente, comenzará a estremecerse, a desmoronarse, y todas esas convicciones como: «¡Mi padre no me quería!» o «Soy así porque vengo de una familia muy pobre, con muchos hijos, pasamos hambre...», impregnadas de dolor, rechazo y sufrimiento, comenzarán a transformarse en lo que llamamos contrarrazonamiento. Es decir, el razonamiento anterior (no reencarnacionista), creado por la persona junto con las otras personas, en una sociedad de personas, comenzará a dar paso a un nuevo razonamiento reencarnacionista, basado en las preguntas de «¿por qué nuestro espíritu necesitaba a éste?»

Esta cuestión del razonamiento y del contrarrazonamiento es una de las bases fundamentales de la psicoterapia reencarnacionista, la terapia de reforma Íntima, porque a partir de la reencarnación se trata de las Leyes Divinas que rigen nuestra encarnación y las demás personas que están en nuestra vida. Ley del Propósito, Ley de la Necesidad y Ley del Merecimiento. El propósito es que nuestro espíritu tenga que pasar por situaciones desde nuestra vida gestacional, la necesidad es por qué necesita pasar por ella y el merecimiento es lo que merece recibir del amor universal, que siempre es cierto y justo, aun cuando parece incorrecto e injusto.

La tarea principal del psicoterapeuta reencarnacionista es ayudar a las personas que acuden a un tratamiento y que creen en la reencarnación a liberarse de la historia ilusoria de su persona y emprender la búsqueda de la verdadera historia, la de su espíritu. El primero, que llamamos «razonamiento», mantiene a las personas firmemente apegadas a sus sentimientos negativos de una manera tan fuerte que la verdadera curación de esos sentimientos es virtualmente imposible. El segundo, que llamamos «contrarrazonamiento», hace que cambiemos la visión de nuestra infancia, de los hechos que nos sucedieron, de la interpretación que le dimos cuando éramos niños, y que aún conservamos en nuestro niño interior cuando los sentimientos negativos se disuelven, los debilitan de una manera tan segura y suave, de un modo tan profundo y regenerador que, por el cambio de pensamientos, los sentimientos van desapareciendo por sí solos.

Necesitamos aprender a poner nuestro ego bajo un mando superior, quitarle la supremacía, las insignias, las medallas y, en su lugar, poner vendas y pociones para curar el dolor y la tristeza. La psicoterapia reencarnacionista es la terapia de la liberación de las ilusiones, del dominio del ego, de nosotros mismos. Hemos venido una y otra vez, vida tras vida, viéndonos y comprendiéndonos, para que nuestro espíritu pueda finalmente asumir el mando de nuestra vida. Pero, para ello, es necesario que el contrarrazonamiento supere y elimine el razonamiento, de lo contrario no podremos liberarnos verdaderamente del mandato egoico, que nos aprisiona y donde está el dolor, el sentimiento de rechazo, ira, miedo, inferioridad, timidez o sus contrapuntos, igualmente ilusorios: vanidad, orgullo, autoritarismo, prepotencia, soberbia.

La psicoterapia reencarnacionista no es una psicoterapia de los sentimientos, sino que pretende ayudar a las personas a cambiar la lectura de su infancia y de su vida para que a través de este cambio de lectura (de no reencarnacionista a reencarnacionista), a través de este cambio de razonamiento, el sentimiento se debilite por sí solo e incluso pueda llegar a desaparecer.

LOS DOS TIPOS DE PSICOTERAPIA

Había, hasta hoy, un solo tipo de psicoterapia, modelo de todas las escuelas psicoterapéuticas, desde las más ortodoxas hasta las más recientes: la psicoterapia de los sentimientos. Durante siglos, todos hemos utilizado este paradigma, el de tratar los sentimientos de las personas que acuden a nuestra consulta. Lo que siempre nos importó fueron sus sentimientos. Ése siempre ha sido nuestro enfoque, dónde ponemos nuestra atención, qué queremos que mejoren. Siempre hemos estado tratando de ayudar a las personas a mejorar sus sentimientos, aliviar su dolor, sus heridas, su ira, sus críticas, con la esperanza de que, quién sabe, con años y años de terapia, con sesiones y más sesiones, evolucionarían a un nivel superior de sentimientos, se liberarían y podrían volar a un lugar donde el aire fuera más puro, el panorama más bello y el horizonte más amplio.

Y, en efecto, con las terapias, diversas y diversificadas, ortodoxas, modernas, oficiales, alternativas, muchas personas mejoran sus sentimientos, muchas perdonan (o se alejan...) de sus torturadores, una gran parte logra aliviar sus sufrimientos emocionales. Después de años de terapia, los sobrevivientes pueden decir que están mejor, que su vida se ha calmado, que viven mejor con los demás, incluso con los que les causaron daño, que están viviendo de una forma mucho más satisfactoria, trabajando mejor, sintiéndose más ligeros y felices. Nuestra misión, la de psicoterapeuta, se está cumpliendo y seguimos nuestro trabajo sintiendo que estamos haciendo lo que podemos y, en muchos casos, consiguiendo la mejoría del paciente.

Pero durante todo este tiempo hemos fracasado en nuestro buen propósito de no sólo mejorar, sino curar a las personas de sus heridas y curarnos a nosotros mismos de las nuestras por una razón muy sencilla: la historia de vida que nos cuentan y nuestra propia historia de vida no es la versión real de la historia, sino la visión aparente de una historia de vida de nuestra persona, nuestra estructura más superficial, más reciente, actual. Existe la «versión persona» y la «versión espíritu» de nuestra historia de vida, una para una lectura superficial y otra para una lectura profunda, una que surge de una visión de unos años o décadas de vida y la otra de miles de años.

Para ser más claros: nuestra persona, desde la infancia, lee cosas, ve la realidad que le rodea como puede, como es capaz, con la mirada superficial propia de su superficialidad, y que parece real, pero no lo es. La persona es una ilusión que creamos sobre nosotros mismos y su historia es, por lo tanto, la ilusión de la ilusión. Esta historia ilusoria es lo que creemos. Ella imita nuestros sentimientos y, cuando vamos a realizar un tratamiento psicoterapéutico, es esta historia la que le contamos al terapeuta, quien, como también cree en la interpretación ilusoria de su propia vida, cree en la nuestra y entonces decidimos juntos mejorar los sentimientos que nos acompañan, y a veces lo logramos y otras no. Pero la visión de la historia, su lectura, siempre es la misma, y ésa no es la verdadera.

Incluso cuando logramos un éxito aparente y los sentimientos se suavizan, se calman, todos fallamos en lo principal: en la verdadera curación, porque la visión ilusoria sigue siendo la misma, y se arrastra durante toda nuestra vida, hasta que un día morimos, desencarnamos, ascendemos al mundo espiritual y, allá arriba, poco a poco, vamos recordando la verdadera interpretación de nuestra historia de vida, nuestra infancia, y siempre es muy diferente de lo que creíamos. La historia real es la historia de nuestro espíritu, es la «versión espíritu», y nos pasamos toda la vida creyendo en una historia ficticia, la de nuestra persona, que parecía tan real, tan coherente…, pero que en realidad era una interpretación superficial, aparente de una historia mucho más profunda, mucho más antigua: la verdadera historia, la que se escondía detrás de lo que llamamos «las ilusiones de las etiquetas de las cáscaras».

La lectura de nuestra infancia, donde se aferran la mayor parte de nuestros sentimientos inferiores, no es más que la «versión persona» de nuestro regreso a la Tierra, para empezar aquí otro pasaje. Esta versión suele estar impregnada de dolor, sentimientos de rechazo y rabia, que, casi siempre, es exactamente lo que vinimos a mejorar o curar en la encarnación actual. El *modus operandi* de la psicoterapia reencarnacionista es ayudar a las personas a encontrar la «versión espíritu» de su historia de vida, de su infancia, y a entender que la «versión persona» era una forma equivocada, limitada, propia de nuestras personas.

En el mundo occidental de nuestro planeta, con el regreso de la reencarnación a la memoria de las personas, lo que antes parecía ser sólo un concepto religioso, gracias a la psicoterapia reencarnacionista, entra en el consultorio de los terapeutas y se revela como un sujeto psicoterapéutico. Con el ingreso de la reencarnación en el consultorio, las historias de las personas comienzan a ser cuestionadas. Y, aunque sea muy difícil conocer nuestra historia verdadera y la de las personas que acuden en busca de ese tipo de tratamiento, sí sabemos una cosa: aquellas historias, llenas de penas, de sentimiento de rechazo, rabia, crítica, indignación… no son las historias verdaderas del espíritu de aquellas personas y de nuestra persona, sino la manera en que esas historias fueron leídas por nosotros, desde la infancia, y siguieron siendo leídas de la misma manera en la adolescencia, en la vida adulta y en la inmensa mayoría de los casos, hasta la vejez y hasta que nuestro cuerpo muere.

Entonces, nuestro espíritu sale del cuerpo quebrantado, asciende al mundo espiritual y allí, poco a poco, se libera de sus etiquetas, en consecuencia, de su persona. Mientras esto sucede, nos damos cuenta de que llevamos toda la vida creyendo en algo, en una visión de nuestra existencia, de nuestra infancia, en una historia que, ahora, comienza a disolverse ¡hasta desaparecer por completo! Cuando se nos muestra la pantalla en el mundo espiritual y, en ella, varias encarnaciones pasadas, empezamos a darnos cuenta de que hemos caído en las redes de nuestra persona, nos equivocamos en la interpretación de la infancia, nos perdemos en la victimización, en la ira contra nuestro padre, nuestra madre y otras personas, sin recordar que ellos fueron compañeros de viaje que pedimos reencontrar para mejorar (o sanar) nuestra vieja tendencia a lastimarnos, a sentirnos rechazados y a sentir rabia.

Allá arriba recordamos que aquí abajo éramos el hijo de alguien, el padre o la madre de alguien, teníamos nombre y apellido, y un género sexual, pertenecíamos a una raza, teníamos un color de piel, una nacionalidad, y como, poco a poco en el mundo espiritual vamos dejando de ser todo eso, vamos perdiendo nuestras etiquetas, como si nos fuéramos descascarando, descascarando… ¿Qué está surgiendo? Una esencia, una estructura energética que, aquí en la Tierra, se llama espíritu, y que somos nosotros mismos, nuestro verdadero aspecto, donde podemos encontrar nuestra verdadera historia, muy diferente en la que llevamos décadas creyendo, tan segura y coherente, que se la explicábamos a todo el mundo y a nuestros terapeutas. Y nos la creímos y todos la creyeron, pues las personas pasan toda su encarnación creyendo en sus historias creadas por nuestras personalidades y éstas son temporarias, con rótulos temporarios, que un día sucumben y dejan de salir poco a poco allá arriba en el lugar de la liberación, la historia verdadera, la «versión Espíritu» de la historia. Y luego nos dimos cuenta de que lo que sentíamos que era negativo en nuestros sentimientos era lo que habíamos bajado a mejorar, o curar. Pero nos pasamos toda la vida creyendo en una lectura, en una visión, que nuestra persona había creado y habíamos olvidado la verdadera lectura, de la verdadera visión de la historia. En la psicoterapia reencarnacionista, reinterpretamos nuestra infancia desde una perspectiva reencarnacionista, y así podemos liberarnos de la visión ilusoria que nuestra persona creó y comprender lo que nuestro espíritu quiso cuando cocreó, junto con Dios, nuestra infancia y nuestra vida. Agregando la reencarnación a la psicoterapia, no analizamos nuestros males, dramas y sufrimientos, como provenientes de nuestra niñez, sino que buscamos comprender por qué necesitamos esta niñez... No vemos la niñez como el comienzo de la vida, de las cosas, el surgimiento de los sentimientos, el comienzo de nuestra historia y sí, sabiendo que es sólo la continuación de nuestra vida aquí en la Tierra, interrumpida al final de la encarnación anterior, la estudiamos como una estructura kármica cocreada por nosotros y por Dios, basado en las Leyes Divinas de Necesidad, Propósito y Merecimiento.

Es una historia muy antigua, de miles y miles de años, que yace escondida en nuestro inconsciente, que la sabiduría del Dr. Freud intuyó que debía abrirse y estudiarse, en una investigación, lamentablemente, abortada por el maestro, pero que ahora comienza a ser profundizada por nosotros, sus continuadores. Si hubiera sido lo suficientemente abierto para pensar que, si todas las religiones orientales creen en la reencarnación, tal vez exista, quizás la psicología oficial de hoy sería reencarnacionista.

Estoy convencido de dos cosas: es casi imposible curar verdaderamente un sentimiento que está alineado a una historia ilusoria y es muy fácil curar cualquier sentimiento si podemos ayudar a las personas a liberarse de su historia temporal, de su persona, de su ego, y encontrar su verdadera historia, su esencia. Debemos dejar un poco de lado nuestros sentimientos, y a las personas que tratamos, y prestar atención al pensamiento, al razonamiento sobre la historia, porque ahí es donde realmente se puede curar el sentimiento. La historia ilusoria sigue sintiéndose aprisionada, mientras que al deshacernos de ella y encontrando nuestra verdadera historia se va eliminando el sentimiento, a través de la comprensión y el cambio de razonamiento que de ello se deriva.

Una cosa es pensar que sentimos pena por lo que nuestro padre o nuestra madre nos hizo o dejó de hacer, otra cosa es descubrir que nuestro espíritu necesitó de esos padres para tratar de sanar una vieja herida, centenaria o milenaria, y que, para encontrarlo, necesitaba actores secundarios en su trayectoria, comúnmente llamados «villanos», para que ese sentimiento aflorara desde dentro de sí mismo. Y que muy probablemente en pasadas encarnaciones había hecho lo mismo, o peor, por esos espíritus o por otros, y que ahora la sabiduría universal le presentó lo que se llama «retorno», que es la Justicia Divina, la oportunidad de rescate y curación.

Éste es el objetivo y propósito de la psicoterapia reencarnacionista: ayudar a las personas, a través de conversaciones y regresiones dirigidas por sus mentores, como si fuera la pantalla del mundo espiritual, a entender para qué reencarnaron, por qué crearon esa infancia, por qué pidió «que viniera, hombre o mujer, rico o pobre, el hijo mayor, el segundo, el tercero o el menor, porque necesitaban ese padre, esa madre, para encarnar en ese país, esa raza, ese color de piel, esa familia, esa religión, y el porqué de todo lo que sucede en nuestra vida. Es lo que nuestro espíritu anhela y necesita, para que, usando su libre albedrío, pueda hacer una de dos cosas: bien o mal.

Llevamos siglos equivocándonos en nuestro razonamiento. Ayudarnos a darnos cuenta y, esta vez, acertar, es la misión de la psicoterapia reencarnacionista. Es una nueva manera de encarar y tratar nuestras dificultades, no como las antiguas psicoterapias de los sentimientos, y sí como la psicoterapia del pensamiento, del cambio de raciocinio, ir de la «versión persona» a la «versión espíritu» de nuestra infancia y de nuestra vida. Cuestionar las historias de las personas, debilitarlas a través de los interrogantes que trae consigo la reencarnación, y ayudar a las personas a encontrar su verdadera historia, la de su esencia, es el *modus operandi* de esta terapia espiritual, terapia de liberación, ahora aquí en la Tierra, para que cuando lleguemos allí, de regreso a nuestro hogar, no estemos asustados ni avergonzados cuando se nos muestre la pantalla grande.

Termino con una sugerencia: cuenta tu historia de vida desde el primer año antes de tu fecundación y relee tu infancia desde una perspectiva reencarnacionista. Allí comenzarás a encontrar el propósito de esta encarnación actual, tu propuesta de reforma interior. Sigue creyendo que tienes razón para sentirte dolido, rechazado, enfadado, y prepárate para pasar vergüenza cuando mires la pantalla grande...

LOS RIESGOS DE LA TERAPIA DE REGRESIÓN

Cuando nos preguntan si la terapia de regresión es peligrosa, si la persona puede quedarse ahí en la vida pasada a la que accedió, si se corren riesgos, respondemos que sí, y puede parecer paradójico lo dicho por un profesional que lleva 20 años trabajando con la psicoterapia reencarnacionista, en la cual una de las principales herramientas es precisamente la regresión.

Algunos terapeutas piensan que la regresión es sólo la persona que se acuesta, se relaja y comienza a recordar vidas pasadas. No del todo, el daño puede ser enorme, para la persona y para el terapeuta, especialmente desde un punto de vista kármico.

Los riesgos de la terapia de regresión se pueden clasificar en tres grupos:

Riesgos físicos: este grupo incluye a personas con problemas cardíacos, que ya han tenido un infarto de miocardio, un derrame y/o padecen hipertensión arterial sin control médico. En personas mayores, se debe evaluar la ecuación riesgo/beneficio para realizar la regresión.

Riesgos desde un punto de vista terapéutico: los riesgos ahí son muy grandes, porque hay una ley que dice que «donde termina la regresión, está la sintonía». La persona está accediendo a una encarnación pasada, recordándola y entrando en otra encarnación, y si el terapeuta lo permite, se sintoniza ahí en esa situación anterior. Muchos terapeutas de regresión permiten esto sin saber que la persona se sintonizó allí. Otra situación de riesgo terapéutico es que el que hace la regresión recuerda su muerte y en ese momento pasa a otra encarnación o el terapeuta termina allí la regresión. La persona está sintonizada con esa situación de muerte. Otra situación de riesgo es que la persona recuerde una vida pasada, allí su muerte, vaya al Umbral y el terapeuta no se dé cuenta y finalice la regresión, quedando la persona sintonizada allí. Otro riesgo es que, al final de la regresión, la persona refiera cansancio, dolor de cabeza, frío, tristeza y el terapeuta interpreta esto como «catarsis» o «limpieza», y la persona va a otra vida pasada donde estuvo así, y ahí queda sintonizada. Lo ideal es que la regresión termine cuando la persona haya recordado la vida pasada en la que estuvo, hasta su muerte, su desencarnación, su ascenso al mundo espiritual, su permanencia allí hasta que hayan desaparecido todas las resonancias de la encarnación anterior, ya sea psicológicas o físicas.

Riesgos desde el punto de vista ético: este grupo incluye las regresiones dirigidas por el propio terapeuta, en las que él decide a qué debe acceder su paciente o satisface su deseo, ya que esto puede permitir el acceso a vidas pasadas que deben permanecer cerradas o el acceso a información que no debe desvelarse, o que promueva el reconocimiento de las personas, creyendo que esta información será importante para su proceso terapéutico, y es una gravísima violación a la Ley del Karma. La mayoría de los terapeutas de regresión son espiritistas y ellos ordenan y fomentan el reconocimiento, rompiendo la Ley del Olvido. Otro riesgo de esta mala conducta es que la persona «reconozca» a alguien y se equivoque, es decir, creyendo, por ejemplo, que la persona que lo mató en esa vida fue su padre y no lo fue, que el que la violó es su exmarido y no lo fue, etc. Otro riesgo ético es que el terapeuta responda al deseo de la persona, lo que quiere saber, o decida a qué debe acceder: en ambos casos puede no ser el deseo del mentor espiritual de la persona, y esto traerá perjuicios a la persona y al terapeuta, quienes deberán responder por ello más adelante. Si el mentor espiritual de la persona lo permite, en base a la Ley del Libre Albedrío, la persona y el terapeuta tienen derecho a abrir el pasado, acceder a cualquier vida, identificar personas, pero todas estas infracciones quedan registradas en nuestro libro kármico y todo ello tendrá que ser enfrentado más tarde, en esta misma vida, cuando llegamos al mundo espiritual y nos convoquen a una reunión o en las próximas reencarnaciones.

TEST DE APROVECHAMIENTO DE LA LECTURA DEL LIBRO (Y DE LA ENCARNACIÓN)

Como acostumbran a hacer los profesores, diseñé un test para que los lectores evalúen cómo aprovecharon la lectura de este libro y de su encarnación actual.

El test consta de 9 preguntas que deben ser respondidas tras reflexionar sobre cada una de ellas, preferiblemente por escrito, y al final debes hacer una evaluación sincera del resultado.

Después de esta evaluación, deberás reflexionar y establecer metas y objetivos para tu vida, con el fin de mejorar tu desempeño en la encarnación actual.

De ahí en adelante, de vez en cuando, debes releer tus respuestas, reevaluar tus metas y objetivos establecidos y determinar si estás logrando lo que te propusiste hacer.

Éste es el test:

1. ¿Cuál es la opinión de tu yo inferior sobre ti?
2. ¿Y la opinión de tus amigos y familiares?

3. Reflexiona sobre lo que has mejorado en esta encarnación actual (los defectos que señalaste en el capítulo anterior y otros que no están en esa lista).
4. Reflexiona sobre cómo te está yendo en ese esfuerzo (¡honestamente!).
5. Relee tu infancia y tu vida desde un punto de vista reencarnacionista (sin hacerte la víctima).
6. Reflexiona sobre la búsqueda de la armonía con algunas personas. ¿Quiénes son esas personas? ¿Cómo es tu relación con ellas?
7. Reflexiona sobre cómo puedes disfrutar más de tu encarnación actual. ¿Y cómo puedes desperdiciarla?
8. Si fueras tu mentor espiritual, ¿cómo calificarías el aprovechamiento de tu encarnación actual?
9. Compara los ítems 1 y 8.

ÍNDICE

¿Qué es la muerte? ¿Vivimos realmente otras vidas? ¿Qué podemos aprender de las regresiones?

Para el autor de este libro, la muerte se puede definir como un paso intermedio entre cada una de las vidas que vivimos. Al nacer, heredamos habilidades y conflictos adquiridos en vidas pasadas que moldean nuestro carácter y personalidad. A través de las regresiones a vidas pasadas, podemos aprender más de nosotros mismos y destapar talentos escondidos, superar temores y fobias, resolver conflictos personales, curar heridas emocionales y descubrir relaciones con otras almas.

Esta obra expone doce técnicas comprobadas para realizar regresiones de manera segura y efectiva, entre ellas:

- La técnica de la memoria lejana
- La técnica de los archivos akáshikos
- La técnica del reloj
- La técnica de los intereses y las habilidades

¿Qué pasaría si tu vida pudiera transformarse por completo por medio de una regresión?

A principios de la década de los ochenta, Samuel Sagan, un joven médico, quedó tan impresionado con los sorprendentes resultados obtenidos por la terapia de la regresión que hizo de ella su principal modalidad de trabajo para tratar a sus pacientes.

A lo largo de un período de quince años, su trabajo le llevó a desarrollar la técnica ISIS, un sistema global de terapia de regresión cuyos principios fundamentales se presentan en este libro.

Regresión, terapia de vidas pasadas para ser libre aquí y ahora es un manual conciso y práctico para entender y utilizar las experiencias de vidas pasadas a través de la regresión, una de las grandes técnicas futuras en el campo del autodescubrimiento y de la psicoterapia.